連合自治の可能性を求めて

2005年サマーセミナー in 奈井江町

松岡市郎（東川町長）
堀　則文（空知中部広域連合事務局長）
三本英司（空知中部連合自治研究会幹事長）
佐藤克廣（土曜講座実行委員・北海学園大学教授）
砂川敏文（帯広市長）
北　良治（奈井江町長）
加藤紀孝（ニセコ町・広域行政体制検討プロジェクトチーム）
嶋田浩彦（南空知職員自治研究会）
西野成紀（富良野圏域「自治のかたち」検討プロジェクトチーム）
西科　純（十勝地方政府研究会）
山田眞知子（浅井学園大学教授）

（企画・編集）
神原　勝（土曜講座実行委員・北海学園大学教授）

座ブックレットNo. 109

（目次）

〈企画の趣旨説明〉

連合自治 ―新たな自治のキー概念

神原　勝（地方自治土曜講座実行委員）

皆さん、こんにちは。今日はこれから「連合自治の可能性を求めて」というテーマで北海道地方自治土曜講座のサマーセミナーを開催させていただきます。このサマーセミナーは土曜講座実行委員会と奈井江町の共催です。まず最初に、準備と運営にご努力された奈井江町の職員の皆さん、それに土曜講座のスタッフの皆さんに感謝申し上げます。

さて、さっそく本題に入っていただくつもりですが、このサマーセミナーの企画を担当しました実行委員として、私から、テーマに関しまして簡単に開催の趣旨を申し上げます。

市町村合併をめぐる状況

皆さんご存じのように、市町村合併は新しい法律のもと、今度は5年間の時限法で市町村合併第2ステージとしてスタートしております。これに伴い、国の総務省が示している指針を読みますと、はっきりと合併の進め方が書いてあります。それはどういうことかといいますと、自治体は市町村といいましても一様ではありません。ランクがありまして、基礎自治体として一番強い権限を持っているのは政令指定都市、次が中核市、特例市、一般の市、そして町村という五つに分かれています。それぞれ権限の内容が違います。

そこで、合併して1ランク上に上りなさい。中核市は合併をして大きくなって政令指定都市に、特例市は合併して中核市を目指しなさい。一般の市も合併して特例市を目指しなさい。町村は合併をして町村であることをやめて市を目指しなさい。こういうことでランクを上げれば、実質的に権限が増えるから、これで分権が進むし、また合併することで行財政の効率化も進むという考え方です。分権・効率型合併方式です。

そして人口規模でいえば最小自治体は1万人ぐらいにしたい。日本から1万人以下の自治体をなくしていこう。これが国の考えている合併の基本構造です。その先のことはわかりませんが、残った小さな自治体は特例団体といって、法的義務のある仕事を取り上げて自治権を縮小し、これらの仕事は都道府県か近隣自治体に行わせるという考えも出ています。鎧の下に刀をチラつかせながら、それが嫌なら合併しなさいと無言の圧力をかける。

それで新市町村合併法がスタートしたわけであります。旧法と違うのは、都道府県知事がその合併について、構想を策定し、勧告や調停をするなど、知事の影響力が相当大きくなっています。これは自治事務ですから必ず行う義務はないのですが、北海道では、知事は合併に積極的ですから、すでに構想策定のための市町村合併推進審議会という知事の諮問会議を設置しています。北町長も委員の1人として入っておられますが、合併だけではなく、それこそ今日のテーマである「連合自治」とか「自治体間協力」の必要性を訴えて、市町村の基礎自治はもっと多様であるべきだとただ一人論陣を張っています。

合併によって市町村自治が本当に強化されるので

あれば、それはそれとして一つの方策かもしれません。けれども、現実に北海道はあまり進まない。それはいろいろな北海道的な事情があるからです。その事情はここでは申しませんが、例えば、1ランクあがるような合併をしようとすれば、途方もなく面積が広くなって、かえって行財政の効率性が失われてしまいます。そのようなことから、合併もいいのですが、それが北海道の市町村にとっては万能薬ではないということが、この間、明らかになってきたわけです。

始動する連合自治の模索

そこで、どうするのか。単独で自立の道を進むという場合でも財政的には厳しいし、これからの少子高齢化社会の様々な政策課題、とくに保健・医療・福祉の一体的な高度化という差し迫った地域課題、あるいは地域経済の再生にどう対応していくかということを考えると、どうも単独では難しい。合併でも単独でも問題は解決しない。いったいどうすればいいのか。ここでどうしても知恵を絞らなければいけない問題が出てくるわけです。

こうした状況のなかで、いま私たちがもう一つの可能性ということで考えるようになったのが、自治体同士がお互いに協力して公共課題を解決していく、自治体間協力、あるいは連合自治の推進という問題です。事務組合、広域連合、機関の共同設置、事務委託などの制度はありますが、日本では自治の思想としてはあまり重きを置いてこなかったこの問題に、私たちはあらためてチャレンジしようというわけです。

私は、基礎自治は、市町村それぞれの個別自治とそれを補完する連合自治という二つの要素からなると考えています。この二つの要素で考えなければ市町村自治は弾力性、柔軟性、多様性を持つことができません。人口基準だけで自治体の枠組みが決まるとすれば、人口が減少するたびに合併の波に翻弄されてエネルギーを喪失するでしょう。合併問題がどれほどエネルギーを消耗させるか、この間の経験で皆さん十分お分かりだと思います。

財政問題は見るも無残な状況で、これからも厳しい状況はずっと続きます。少ないお金で質の高い政策をやろうと思えば、厳しい自己規律はもちろんですが、加えて自治体間協力に習熟する以外にない。今までの延長で自分の自治体限りで考えていると、連合自治の思想は豊かになりません。もう地方自治の景色はすっかり変わっているのです。そして合併しようにもこの連合自治を経験しないと、いい合併はできないと思います。

北海道自治のキー概念

私は合併否定論者ではありません。必然性のある合併なら大いにやるべきだと思っています。必然性のある合併とは何か。要素は四つです。第一、合併を協議する自治体間に地域的な一体感があること。第二は、包み隠しのない情報公開で信頼感があること、第三に、合併による新たな共通益が見通せること、第四に、協議にしっかり時間をかけることです。将来的に合併を考えている自治体も、このような環境をつくらなければいい合併はできません。その意味でも連合自治は不可欠ですし、合併しないで自立していく自治体ならなおさら連合自治は欠かせないでしょう。新たな分野の開拓ですから戸惑いがあるかもしれませんが、これから連合自治の制度を新しくつくるということではなく、広域連合などのいまある制度を活用しようということですから、問われるのはやる気です。

それればかりではありません。道は4千項目の権限のうち2千項目を市町村に移譲しようという画期的な方針を立てました。この権限移譲にしても、これは道が個別に市町村と協議し、協議の整ったところから移譲を開始することになっていますが、連合自治を射程に入れて進めなければ、すぐに限界に突き当たるのではないかと思います。支庁改革も市町村の動向を抜きにしては功を奏さない。このように北海道自治の今後を考えますと、連合自治はこれからの北海道の自治にとって欠くことのできないキー概念になると考えます。

盛りだくさんの2日間

以上のような認識をふまえて、今回の企画を行いました。北海道では、かなり以前からこの問題に積極的に取り組んでおられるのが空知中部広域連合、そしてすぐ近くでありますけれど大雪地区広域連合の試み、こういう先進的な試みがあります。さらに、空知中部の場合には広域連合を形成している幾つかの自治体が任意に、連合自治の可能性を開こうと連合自治研究会を行っています。このような現場の先進的な動きにまず着目して、そのお話を聞こうではないか。それが、今日これから始まります第1講の実践報告です。

そして第2講は討論です。第1講の報告を踏まえて、連合自治の可能性について議論を深めていただこうというわけです。連合自治は町村だけの問題ではありません。北海道全体の問題であり、また市町村全体の問題でもありますから、連合自治に強い関心を示しておられる、帯広市の砂川市長さんに加わっていただきます。この討論には、第一講の松岡東川町長に引き続き参加していただきます。そして北海道における連合自治の老舗、北奈井江町長にもお願いして、討論を盛り上げていただくつもりです。

明日の午前中引き続き行うのが第3講です。日本ではいま合併の嵐が吹いておりますけれども、ヨーロッパ先進国、ドイツ、フランス、フィンランドなどでは、60年代から70年代にかけて基本的には大規模な合併問題は卒業して、分権体制の下で連合自治を発達させています。そのような状況ですから、EUのヨーロッパ地方自治憲章を見ましても、そのなかでヨーロッパの地方自治の標準として「連合自治権」を明記しているわけです。

そこで第3講の前半は、フィンランドの連合自治について、山田眞知子・浅井学園大学教授の講演を予定しています。北海道にとっても非常に大きな教訓が得られるのではないかと期待しています。後半は『このセミナーのまとめの時間に当てたいと思います。当初は私の講演を予定しておりましたが、私が講演をするよりもっと中身の濃いいい企画が思いつきましたので、急遽、変更させていただくことにしました。

このプログラムをつくったのは今年の3月ころでしたが、4月以降、北海道にはこの自治体間協力のあり方をめぐって、各地域に研究会がたくさんつくられるようになりました。自治体間にまたがる十勝、南空知、富良野地域などの研究会、それに全道的にそれぞれの市町村にも設置されています。公的なものもあれば任意のものもあります。

このように合併の第一ステージ終了後、雨後のたけのこのように連合自治の研究会が発足しているわけです。そこで時間は短いのですが、私の講演に換えて、そうした各地の研究会の方々に登壇していただいて、今の状況報告をしていただくつもりでおります。

そして最後に、このように北海道に芽生えた連合自治の動きを確かなものにしていくため、各地の研究会の方々に加わっていただいて、連合自治の経験や情報を交換したり、研究する全道規模の研究会として「北海道連合自治推進研究ネットワーク」をこのサマーセミナー後に結成する準備が進んでいますので、その趣意書などもご披露したいと考えています。

盛りだくさんのサマーセミナーです。どうか今日と明日、最後までご参加いただければ幸いです。会場の皆さんも、フロアからも積極的に発言なさって、このセミナーを盛り上げていただきたいと思います。どうかよろしくお願いします。（拍手）

第1講（実践報告）

自治体間協力の現場を見る

大雪地区広域連合

松岡市郎（東川町長）

皆さん、こんにちは。ただいま紹介をいただきました東川町の町長、松岡でございます。今日は「サマーセミナーin奈井江町」でして、今お聞きしまして10年以上の歴史を持つ土曜講座がこのように継続されていることに心から敬意を表しますし、このように準備をいただいております多くの皆さま方にも感謝とお礼を申し上げたいと思います。

今日は、日ごろ地方自治の発展にご尽力をされております職員の皆さん、あるいは場合によっては議会議員の皆さんもお越しかもしれません。あるいは、将来公務員としてやろうという学生の皆さんもお越しだろうと思います。日ごろのご尽力に対して心から敬意を表したいと思います。

今日お話をしますのは大雪地区の連合の実践についてですが、細かい実践の内容については各町がやっておられます事務と全く同じでありますし、また後ほど、堀さんから空知中部のお話をされるわけでありますから、ほとんど変わるところはございません。私は、なぜ大雪地区広域連合に至ったかについてお話をさせていただきたいと思います。

実はこの会場、北町長さんから文化ホール、音楽堂というお話をいただきました。この会場でシンポジウムが平成14年９月か10月にございました。それは国民健康保険を広域的に処理しようというシンポジウムでありまして、多分北町長が強引にこの北海道に持ってこられたのだろうと思っております。そのときに私ども、東川町、美瑛町、東神楽町の担当課長が出席しまして、それに刺激を受けて私どもの広域連合がスタートしたわけです。

そういう意味からしますと、先ほど、文化ホールあるいは音楽堂というお話をされましたけれども、まさにここはこれからの地方自治の改革発信のホールではないかと思っているところです。地方自治の自立を学ぶならば、何といっても「北町長さんのところに来い」ということで今日は来たわけでございます。ひとつよろしくお願い申し上げたいと思います。

そしてまた、今日は奈井江の町長さんをはじめ、帯広の市長さんにもお会いできるということで、私にとりましても大変大きな刺激になるということで参画をさせていただきました。

合併問題と広域連合

これから私がお話し申し上げますのは、大雪地区広域連合の連合長としての話ではなくて東川町長という見解であることをまずもってご理解いただきたいと思っております。

そこで、はじめにということで資料をお配りしておりますが、この資料の細かいことについては省略をさせていただきたいと思います。私どもが間違った見解をもってこの合併に取り組んでいたという反省から付けさせていただいたわけです。この広域連合を語るときには、何といっても合併の問題を語らずに広域連合を語ることはできないと考えております。

私どもの町で広域連合化の話が出てまいりましたのは、合併の議論とともに出てきたわけであります。

当時平成14年度でありましたけれど、合併の期限が平成17年3月31日である。合併の手続きをするには22カ月ぐらいの歳月を要するということで、遅くとも平成15年5月ぐらいまでには合併するかしないかの結論を出さなければならない。こんなことで焦っていたことを今思い出しております。

それはなぜかといいますと、地方交付税が3割以上下がる。私どもの町は当時22億円ぐらいをもらっていたわけですが、これが3割下がるというと6億円以上下がることになるわけです。そうすると、6億下がったら自治ができますかということから、何としても合併をしなければならない。また誤った解釈の中には、合併をすれば合併したときの地方交付税の額がそのまま10年間維持されるというお話もあったわけです。そしてまた、職員は合併をすれば定年退職まで勤めることができるけれども、合併しないで途中で自治体が破綻すると身分保障がされない。それでもいいのですかというお話もありました。ですから、住民がどうこうというよりは役場の職員が焦っていたというのが実態ではないかと思っております。

基本的に地方交付税というのは国税の一定率が公共団体に交付されるわけですから、ある時点の額がそのまま10年間交付されるというのはとんでもない話でありまして、何か変だなと思いました。私は当時、税金を徴収したり、国民健康保険・老人保健とか、あるいは戸籍の事務、あるいは国民年金もそうですが、そういう所の担当をしていたわけですが、どうも変だということで合併特例法を開いてみました。

そうすると何と書いてあったかといいますと、合併しなかった町のことについては一切触れられてないわけです。合併したら交付税が減るということです。大きな町と合併しますと段階補正が減じられる。したがって減っていくわけです。合併した町が著しく減ったのでは、これは合併の意味がないということで、合併しなかったものと見なして毎年交付税を算定していきましょう。15年かけて本来の姿の減額をするという内容であったわけです。

それがいつの間にか、合併しなかったら交付税が思い切って減るんだということが見解として出てきたわけであります。全く不可解に思えてならないわけであります。それでは平成19年以降、今の情報ではどうなるのか。17年と18年は一般財源の総枠でもって保障すると言っているけれども、19年以降は保障しないのではないかという話もあるわけです。

しかし私は考えてみますに、例えば交付税が思い切って減額になったときに、合併してもしなくても万歳をしなければいけないと思っております。ですから、そんな思い切った改革が行われるはずがないと思っております。確かに地方交付税は減るかもしれませんが、その代わり一般財源化する、税源移譲で増えてくるということでありまして、一般財源の総額そのものが大幅に減ることはないだろうと予測しております。

しかしそんな話をしましても、町民の中からいうのは「町長、おまえ、しない、しないという話をしていても、実際になっているじゃないか」。それは解散ですけれども、「解散だって、皆さんやらないと言っているけれども、実際に解散になったではないか。町長が交付税は減額されない、一般財源枠は保障されるだろうと言っていても、実際にそうはならないのではないか」と指摘される方もいらっしゃるわけです。

先ほどお話ししましたように、仮にそうなったときには合併をしようがしまいが、すべて万歳をしなければならないと思っておりますので、そんなことはないだろうと今も安易な気持ちでいるわけです。ですから、地方交付税は合併の有無にかかわらず減るときには減るという認識をしております。

合併議論から自立議論へ

皆さん方のお手元に資料を配布しておりますが、「合併議論から自立議論へ」であります。これは地方交付税で17年の計算です。臨時財政対策税を含めて、特別交付税については含めていないわけですが、東川町の場合は人口規模7671人で地方交付税は17億7千万いただいているわけです。これが例えば旭川市と合併したらどうなるか。15年先には5億6千万円下がる。あるいは、大雪地区で広域連合を組んでおります3町と合併すれば、3億2千万円下がるという試算がなされるわけです。

そして合併補正が5年間ありますから、これは合併のための事務整備分が追加されます。そういうものが、旭川市と合併すれば毎年1億2千万、3町と合併すれば1億6千万の交付があるわけです。しかしこれも5年間ということです。

ですから私どもが大きな間違いをしておりましたのは、この図にありますように、合併しなかった場合に経済の動向にあまり変化がないとすれば、この太い線で推移をするわけですが、「ある予想」と書いてありますが、合併をしなかったら急激に交付税が下がっていってしまうという誤った解釈をしてしまったということです。こういう過ちをしないように、私どもはこれからしっかりとした行政を展開していかなければならないと思っているところです。

私どもも合併について全く検討しなかったかというと、そうではございません。政策室なるものを作りまして、合併した場合のメリット、そして合併しない場合のメリットについて鋭意検討をしてきたわけです。合併をいたしますとマイナスの蔓がプラス蔓を上回ることに気付いたわけです。

ここに書いてありますように、職員の相当数は削減されるわけです。いわば人切りです。人切りというのはそれだけの人がいなくなってしまうことを意味するわけでして、地域の消費がそれだけ減退していくことにもつながってくるわけです。確かにコストとしては下がるわけですが、地域全体を考えるとどうなのかということにもなってくるわけです。

そしてもちろん、小中学校あるいは高等学校も統廃合されるだろう。私どもの町には東川高校がございます。8割近い生徒の方は旭川市から通ってきているわけです。今、間口の調整をいろいろとやっておりますが、旭川市内の高校の間口を減らしているのが実態です。ですから、これが合併をいたしますと、何で東川に高校が要るのか。東川の生徒はさっぱり通っていないではないか。だから近くの高校と合併したらいいでしょうという話に間違いなくなると思います。しかし、小さな町に高校があるということは町の誇りです。そしてまた、生徒が通ってくることによって東川町に落としていただくお金も相当あるわけです。これはまちづくりの核となる施設と言っても過言ではないと思っております。

郵便局が今大変問題になっております。この郵便局の集配業務、町では独自にやって、これも合併いたしますと旭川市と一体になってしまう。町に郵便局は3局ありますが、この3局も統廃合されていくことも目に見えている。さらに信用組合などのサービス機関がありますが、それらも撤退していくだろうと思います。

そのほか、合併いたしますと役場の職員は10人か20人でいいということですから、当然地域の消費は全体的に落ち込んでくるわけです。そして学校もなくなり郵便局もなくなってきますと、地域の消費は減ってくる。そうすると市街地が過疎化していくことは間違いないという見解が示されたわけです。

こんな中で、ある町民が私にこんなことを言いました。「皆さん、合併する議論を十分にやっているようだけど、皆さん方はどうなるんだ」「私どもは、例えばA市と合併すれば、定年までは在職することができるんです」という話をしました。「まちづくり合併議論の中で町がどんどん過疎化していく、衰退していくという話が出ているけれども、公務員というのは地域の皆さんが幸せになるために仕事をするのが仕事ではないのか。おまえたちだけが逃げていって、あとに住民を残すというのが本来の公務の在り方か」と問われたわけで、それを問われますと私としても返す言葉がないわけです。「分かりました。それでは皆さんと一緒にまちづくりをしましょう」と、選挙の公示2週間ちょっと前に私は立起を表明させていただきました。

合併の波を1回ブロック

こういう中で私どもは活力あるまちづくりを進めていこうとしております。何と申し上げましても、これからの行政は何をするかをしっかり認識しようと、私は三つのことをやろうと決めました。それで、住民福祉の向上をやるのが私どもの仕事であります から、住民福祉とはいったい何か。これは非常に難しいのですが、一つは住民の皆さんの繁栄をしっかりと考えていく。そして地域に住む住民の皆さんが安全・安心に暮らせるような社会づくりをしていく。三つ目は住民の皆さんが幸福に暮らせる。この町に住んでいてよかったという満足感。教育も含めてそういうものを目指していこうと決めまして、議会の皆さん、そして住民の皆さんと共に一緒に進めているわけです。

現在は合併の波がまた吹き始めましたけれども、その合併の波を1回ブロックしよう。ブロックをして、その合併の波が本当に住民の皆さん方にとって福祉の向上に役立つかどうかをしっかりと見極めて、その上で、もし合併なら合併をする選択をしましょうとしております。

今、地域が衰退していく、農業・農村がどんどんと衰退していく、そのことが一番問われていると思います。郵政改革、公社化、あるいは民営化という話が出ておりますが、しかし農村がしっかりと力を発揮し農業が力を着けて地域が再生していけば、郵便局は残るわけです。農村がどんどんと衰退していけば、民営であろうが官営であろうが、これは廃止、消えていくことは間違いないわけであります。ですから、私どもとして期待するのは地域の再生をどうやっていくか。そのことをしっかりと政治の分野で生かしてほしいと思っております。

そこで、持続可能が基礎自治体づくりをどう進めていくかとなるわけです。私は小さな自治体だけで自治体を運営・維持していくことは不可能に近いと思っております。ですから、住民サービスを低下させない、そして住民の負担の増加も極力抑える、こういう中で自治体を進めていかなければならないと思っています。しかし負担を増やさないという話をいたしましたが、受益のある人にはきちんと負担してもらう。行政がやることは全部ただというのは間違っていると思っておりますから、しっかりと受益と負担という原則を堅持しながらも負担が増えないようなまちづくりを進めていく必要があるだろうと思っております。

交付税の意味を考える

私どもが自立という言葉を言い出しますと、ある方はこう言います。「町長、自立と言うけれども、町の歳入を見たら50％近くが地方交付税じゃないか。50％近く地方交付税に頼っていて、何が自立なんだ。もう少し5年先、10年先のビジョンを示しなさい」というお話をいただくわけです。

しかしこの地方交付税は一般財源でありますが、国が法律で定めた事務を相当数やっているわけであります。本来は国がやるべき事務でしょうが、それを私どもがやっているものがありまして、それが交付税の中に相当参入されており、私どもが好き勝手放題に交付税を使っているということでは全くないわけです。消防の問題もそうですし、保育所の問題・幼稚園の問題にいたしまして、そういうものがきちんと入っているわけです。そういうことを住民の方々に理解していただくことが、私は大変重要だと思っております。

また、交付税は段階補正あるいは密度補正がありまして、人口の多い所と少ない所、格差がついているわけです。この格差をなくしたらどうかという議論もあるわけですが、私はとんでもない話だと思っているわけです。

例えば子育て、子どもが一人前の大人になっていく過程を考えてみますと、町には保育所が必要だということで保育所を造ります。あるいは、幼稚園が必要だということで幼稚園を造ります。小中学校を造ります。そして、その維持・運営費にも相当のお金をかけるわけです。交付税が入ってくるわけですが、交付税では賄いきれない。そこで住民の皆さんから集めた税金も投下して運営をしているわけです。

ところが高校になりますと、地元の高校へ行かなくて都市の高校へ行く。都市に生徒を送り出すために多額の費用を都市の方々に払っているわけです。高校を卒業した人が今度は大学に、あるいは専門学校に、短大に行きます。そうしますと、田舎の町を離れて大都市の学校へ行くわけです。ですから、私どもは次代を担う子どもたち育成のために多額のお金を子どもにかけているわけです。そのかけた子どもが一人前になったときにどこで働くのか。都会で働いているわけです。

果樹に例えてみますと、苗を育て、幹を育て、実になったときに、それは都市で実を落とすわけです。私どもは苦労して次代を担う子どもたちを育成するけれども、働く場所は都市、実は都市に落ちているわけです。ですから、この格差をなくさなければいけない。それは交付税でもってしっかりと地域へ戻していただく。そして地域を再生していただき、子育てができる環境をしっかり作っていただく。2人か3人子どもが生まれて、そのうち2人ぐらいは農村に残り、1人は都市に行く。こういうまちづくり、改革を進めてもらわなければ日本の国は沈没してしまうと思います。

ですから、交付税が地方に行っているからけしからんなんていうのはとんでもない話でありまして、私は交付税をベースとしながらも地域に住んでいる方が一生懸命になって働いて、全部都市へお金を出しているという構造をしっかりと改めてもらうことが必要だと思っております。先ほどもお話ししたように、そういう形になれば民営であろうが、公社・官営であろうが、郵便局はしっかりと地域に根付くはずです。

広域連合の先進地に学ぶ

私どもはこれから国にしっかりと物を申さなければいけないというところもありますが、私どももしっかりと改革していかなければなりません。その改革のキーワードは神原先生がおっしゃいましたように、やはり連携だと私は思います。ここにも書いてありますように、連携というのは自治体間の連携もある、そして官との連携もある、あるいは場合によっては大学との連携もある、あるいは道との連携もある。そういう連携をいかに充実させていくかということが大きなキーワードになるでありましょう。

もう一つは地域に住んでおられる住民の方との連携をしっかりとやっていかなければ、自治体の運営は間違った方向に行ってしまうだろうと思っています。ですから、行政を担当する者がこの連携を通じて行財政の改革をしっかりとやるという姿勢でなければ、自立はならないのではないかと思っております。

この連携の一つとして、私どもは北町長が中心となって進めておられます広域連合に学ぼう。そして先ほどＥＵの話も出ましたが、ＥＵについても学ぼうということで連合を立ち上げる方向に向かっていったわけです。具体的に検討が始まりましたのが平成14年夏ごろでした。先ほどお話ししたように、介護保険での連合化は４月ぐらいからスタートしていましたが、なかなかうまく進まない。そこで14年の９月か10月、この会場で国民健康保険の広域化のシンポジウムがありました。私ども担当する者が３町でもって聞きに参って、北町長のお話、そしてまた当時の厚生労働省の国民健康保険課の原課長のお話に刺激を受けて、よし、やろうとなったわけです。

私どもは最終的に14年12月に３町の首長の合意を得るわけですが、そのときに検討会を持つということではない。実施に向けてやるという姿勢で検討をさせていただきたいという話をさせていただいたわけです。目的は被保険者の負担の平準化を図る。そして住民のサービスは低下させない。さらに行政コストを縮減する。こういう目的がはっきりしているわけですから、検討した結果、あれが問題だ、これが問題だと言って先延ばしするようなことでは改革は進まない。

ですから、16年の4月をめどにやるということで検討をさせてくださいという話をさせていただきましたら、3町の町長ともそういう方向でいこうとなりました。1年ぐらいの期間しかなかったわけですけども、思い切って前へ進ませていただいたわけです。

実際には15年の7月か8月に連合が立ち上がるわけですが、上川支庁へその連合の手続きに行きました。そうすると支庁は何と言ったか。合併を推進している課と同じですから、「何で合併協議会を作ってしっかりと合併しないのですか。いまどき、何で広域連合なんですか」というご指摘を受けたわけです。それは指摘といたしまして、最終的には連合が立ち上がったというわけです。

四つの仕事を広域で処理

私どもの連合は国民健康税から国民健康保険料に替えて賦課をいたしておりますし、事務も空知さんと同じように国民健康保険、介護保険、そして老人保健、また医療福祉事務という四つの事務を広域でもって処理をしております。

この会場であったシンポジウムで、原課長は広域連合をやればしっかりと支援するという話をしてくれました。事務所は役場の中にありますので経費はかかっておりませんが、ソフトあるいはコンピューターのハードを含めると約1億円近いお金がかかりましたが、全く3町とも負担をすることもなく、国のお金でもって整備ができました。これも北町長から、やるなら早くやりなさいというアドバイスをいただいたからであります。深くお礼を申し上げたいと思います。

空知と少し違いますのは、私ども3町、国民健康保険料、介護保険料を一律に賦課しているということです。若干異なっているところがありますが、この空知の広域連合に学んで立ち上げさせていただきました。

道州制や権限移譲の問題

道州制の議論がなされています。事務と権限を移譲しようということで、約６００近い移譲を進めようとしているわけです。何で今ごろこのようになるのか。もう一つは、何でも今ごろ合併推進のための協議会を立ち上げなければならないのか。私は不可解です。本来、道州制ができたときに事務権限を移譲するというわけですから、その中で受け手となる基礎自治体をどういう形にすべきかということをきちんと議論すべきではなかったかと思います。

そして今、道州制プログラムを見ておりますと、この市町村の基礎自治体のあり方についてはほとんど触れられていないわけです。表現としては市町村の合併の推移を見極めると言っているわけです。そういう中で新法の施行と同時に合併構想の審議会が作られることはどうも不可解だと思います。そしてまた、自治体はその６００ある事務を受けても受けなくてもいい、どちらでもいいのです。こういう話も全く何のための改革か分からないのであります。

これから進めていただくのは、北町長がおやりになっておられますけども、合併構想の審議会の中で、町村の組み合わせは審議会がやらないという話になっていますから、もし合併をしたらこんな素晴らしい自治体ができるんですという構想だけを示していただければ結構です。あと、そういう構想が出ればどこと合併するかは私どもが決めます。町の組み合わせは要らないとお話をしているわけです。

私は合併だけではなくて、先ほどお話が出ておりましたようにいろいろな組み合わせがあると思います。今、町村会がやっておりますグランドデザイン、例えば広域連合の問題、単独の問題、あるいは合併の問題等がありますから、そういう中から地域に合ったものを自ら選ぶことが必要だと思っております。合併の組み合わせは必要ないと思っています。

事務の補完体制ですが、小さな自治体に実際に６００ぐらいの事務が移譲されようとしております。

この事務の中には住民に直接影響するような大きな事務はないわけです。せいぜい年間10件か20件ぐらいしかない。それも大企業の方が企業誘致をするというときに使うような事務しかないわけです。こういうものを処理するのに移譲を受けても、受けなくてもどちらでも良いということではなくて、本当に改革を進めようとすれば広域連合で進めるという手もあるでしょうし、地域には中心となる市があるわけですから、そういう市と連携して、その市の事務については市と水平補完することも考えられるのではないか。

そういう意味で合併だけではない、そして事務の受け方もいろいろな受け方があるだろうと思います。そのこともしっかりと道と議論すべきではないか。どちらでもいいという発想は少なくともやめるべきではないかと思っております。

北海道は独立する気概を

レジュメに「EUに学ぶ」と書いてありますが、教育は非常に恐ろしいものだと思います。私ども、中学・高校の時代を通じまして学んだことは、日本という国は非常に小さいということです。ヨーロッパ州がありますが、その中に四十数カ国が入っているわけです。日本より面積が大きい国は三つしかない。それはフランスとスペインとスウェーデンです。人口が日本より大きいところはヨーロッパにはない。そして北海道は人口550万以上、そして8万ヘクタールぐらいの面積を持っていると思います。世界各地に230カ国ぐらいありますが、その中で面積では180番目ぐらい。ヨーロッパのオーストリアに匹敵する面積、そして人口はデンマークに匹敵します。そうすると、北海道自体がヨーロッパで例えると国のような大きさです。

ですから、私は道州制を通じてもっと市町村と連携を密にし、基礎自治体のあり方も含めて、北海道が日本の中で独立するんだというぐらいの気概でもって改革に取り組んでほしいと思っております。

私どもは合併勧告を待つのではなくて、自らどういう姿がいいのかということをやっていく。語るのではなくて、私どもはプールサイダーではないわけですから、しっかりとやるという姿勢でいかなければ改革は進まないと思っております。

そういう中で私どもは平成19年４月から、東神楽町と東川町に支署があり、美瑛に本部がありますす消防組合を、私どもは東神楽町と支署の統合をして署にするという改革も進めようとしております。いろいろな広域連合の可能性はあると思います。私たちが持っている権限の一部を出して、そして住民の皆さん方のサービスを低下させない、そういう中で行政コストをしっかりと削減していく連合体を目指していこうと考えております。町村が自立できるかできないかは連携に懸っていると思っております。この広域連合が成熟していけば、その連合に参画した中で合併する所が当然出てきていいと思っています。

いずれにいたしましても、私どもはプールサイダーではございませんので、皆さんと力を合わせて実行するということで進めていきたいと思っております。どうか、いろいろな面でご指導をいただきたいと思います。ありがとうございました。（拍手）

（資料等は略しました＝編集部）

空知中部広域連合

堀　則文（空知中部広域連合事務局長）

構成市町村の概況

ただいまご紹介いただきました空知中部広域連合の事務局長の堀でございます。今日は「サマーセミナーin奈井江町」に、このような多くの方がご参加いただきまして誠にありがとうございます。サマーセミナーの当初のプログラムでは、連合長の北が報告するようになっておりましたが、実践報告なので担当している私が報告することが望ましいという指示がありましたので報告させていただきます。

広域連合の構成から申し上げます。構成市町は中空知5市5町のうち、旧産炭地の歌志内市と上砂川町、純農村地帯の浦臼町と新十津川町と雨竜町、旧産炭地でもありまして現在は農業と工業の町の奈井江町を含めた、1市5町であります。行政面積につきましては全体で971平方キロございます。

人口は少ない町の浦臼町の2500人ぐらいから、多い町の新十津川町の7700人でして、全体で3

０８５２人です。高齢者数は全体で９８００人でして、高齢化率は一番低い新十津川町で28％、高い上砂川町の３７・４６％でありまして、全体で32％という高齢化率の高い広域連合です。

介護保険の第1被保険者数につきましては９６００人で、第2被保険者数は１０７００人程度ございます。国保の被保険者数につきましては1万４５００人程度で、４７・1％の方が加入しております。世帯で申しますと５５・５５％、かなり多いという現状です。老人医療の受給者数は約6千人ぐらいです。

広域連合の設立経過

続きまして、連合設立の経過について申し上げます。平成8年9月に、当時の厚生省より介護保険をにらんだモデル事業の地域指定されたのが始まりであります。そのモデル事業は三つございました。一つ目は、介護保険の被保険者証をＩＣカード化できないかという開発研究でした。ただ、この事業については高齢者にとってカードはなじみがなく、大変不評でしたのでカード化は中止しましたが、その後ノートパソコンを活用した高齢者介護サービスシステム事業へと切り替え、保健・医療・福祉の各分野のスタッフにおいて横断的に記録をできるケアサービスシステムとして研究開発され実施されました。

二つ目は介護認定審査会をどのように進めていくかという事業です。審査会を立ち上げて本番さながらに進められましたが、その結果、調査用紙や医師の意見書様式が現状のものとなり、現在の審査方式となって展開されております。ただ、一次判定ソフトについてはまだまだ改良が必要でないかと思っております。

三つ目は、北海道の過疎地域で訪問介護、訪問入浴、福祉用具のレンタル事業の介護サービスがどのように展開できるかということです。特に訪問介護事業につきましては、もともとこの地域では身体介護の事業は進められてなく家事援助が主でした。24時間サービスや時間単位でのサービスは受ける側が慣れてなく、開始当初は身体介護の対象者が少なく苦慮した経過がございます。徐々に利用者が増えていきましたが、サービスの移動時間が大変かかる。

そういうことで、過疎地域では介護報酬に移動時間の加算がなければ事業展開ができないという結果を報告いたしました。そのことにより過疎地域で人口密度が希薄であること、交通が不便であることの理由により、居宅サービスなどの確保が著しく困難であると認められる地域に、現在の離島等特別地域加算、15％が介護報酬に盛り込まれました。まだまだ不十分ではあります。

これらのモデル事業は当初は奈井江町に来ましたが、その当時、隣町の浦臼町と医療の連携を図っておりましたので、ぜひ2町で取り組みたいということで開始をいたしました。その後、平成9年4月に中空知の5町の首長会がありまして、我々の町でもぜひ介護保険について勉強したいとのお話が3町からありました。その当時皆さんとお話し合いをした結果、モデル事業にも参画をして勉強してはどうかということで、厚生省のご理解をいただきましてモデル事業が5町に広がったということです。

その後、全国でも一番ミニ市の歌志内市が、介護保険についてもなかなか自分の町で単独にするのは難しいということから、ぜひこの5町の仲間に入れていただきたいという申し入れがありまして、12月に加入することになり、現在の5町1市の構成になった次第であります。

その後、介護保険事業をどのように実施するかの協議を重ねてまいりました。事務方では、介護認定審査会を共同設置する考えで進めておりましたが、首長たちから介護保険者として実施できないかとのお話があり、課題となる保険料の仮試算をいたしましたところ、市町村間で高齢者数や施設のベッド数などかなり差があったものですから保険料についても差が出てまいりました。

これらのものの差が縮まらないかということで、当時の厚生省や自治省に1市5町の首長と議会議長が出向き、今後広域的に進めたいので、当時25％のうち５％が調整交付金ですが、その枠外、25％から飛び出したものの中で格差を縮めていただきたいという要請をいたしました。しかし、自治・大蔵・厚生の３省の合意事項であるので25％以内でと言われました。ただ、厚生省では何とかその枠内でも進めたいということで、高齢者の多い所、低所得者の多い所などは配分調整をするという回答を得まして格差が縮まりましたので、直ちに介護保険を広域で保険者として実施するという首長たちの熱い思いで合意がなされました。

広域連合のメリット

なぜ広域連合で進めたかと申し上げますと、広域連合の特徴であります一つ目に主体性の発揮です。これは構成団体が規約の変更を要請でき、広域計画の実施を構成団体に勧告できる。二つ目が住民による民主的コントロールです。住民から広域連合に対して条例の制定、リコールのほか、規約の変更を直接請求でき、議会議員や連合長を直接選挙または間接選挙により選出できる。三つ目は地方分権の対応です。国・道より広域連合に直接権限移譲を受けられる。逆に委任を要請することができる。四つ目は組織、処理事務の柔軟性です。構成団体の組み合わせには制限がなく、処理事務が構成団体すべてに共通する必要性は全くなく、自由度が高い。

以上のように、一部事務組合ではできないことが連合ではできることから、平成10年４月に首長たちのリーダーシップのもとに広域連合ですることに合意され、６月に北海道知事に許可申請をして、７月６日に知事より設立許可され、全国で第１号の介護保険事業が広域連合で実施されることになりました。このことが厚生省に評価され、全国の都道府県介護保険担当課長会議の席で当連合の取り組みが紹介され、全国的に広域連合が設立される先導役となりました。

しかし北海道では発祥の地でありながら、道としては自主的に任せるとして広域連合の立ち上げには消極的でありました。二つ目の連合が日高にできましたけれども、これは平成14年4月まで立ち上がらなかった現状がございます。現在は北海道に大雪広域連合も含めて4カ所立ち上がっております。残念ながら今月いっぱいで、桧山の北部広域連合が合併の絡みから解散することになりました。現在、全国では30カ所ほどありますが、これもやはり合併の関係から22カ所ぐらいになるという見込みでございます。以上が広域連合の設立経過です。

広域連合の活動状況

続きまして、広域連合の取り組みとして連合設立以降について申し上げます。まず、国保の事業につきましては設立直後、各首長より介護保険が連合でできるのであれば国保も何とか広域化できないのか、検討していただきたいという要請がありました。

調査・研究をどのように進めるか協議され、まずは介護と同じく奈井江町と浦臼町の2町間で進めていただきたいという話がありました。平成11年、1年間パイロット事業として広域的国保事業の運営をいたしました。2町間では、当初から国保税については統一しないで各町で賦課・徴収し、医療諸費については2町間で平準化して進めましたが、特にそのことについては問題もなく広域化が進められるという結論が出ました。付帯意見としましては、国保を広域化するときには事務の簡素化を図るため、老人保健事業についても広域化すべきとの意見でした。

結論が出ましたので、国保の広域化を進めるべく残りの1市3町に加入の呼びかけをいたしました。医療費の高い町から、いわゆる産炭地ですが、加入することにより自分の所の分賦金が高くなる、保険料も上がるのではないかという意見が出され、平準化ではなく自分の所で医療費について自分で支払う、いわゆる「自賄い方式」と呼んでいますが、それであれば加入してもよいとの考えが出されました。

ただ、連合では一本化を目指しておりましたので、十分協議をいたしましたが、当面はやむを得ないということで12年から雨竜町が加入しました。その当時、付帯意見にありました老人保健事業についても雨竜町が加入した時点より広域化が始まりました。13年度より、加入を見送っていた1市2町も「自賄い方式」で加入されました。その当時、広域連合全体で介護・国保・老人医療の3事業が展開されることになりました。

平成14年に入りまして、当初からの懸案でありました権限移譲について当連合より道に要請をして、介護保険事業の指定に関する事務権限を移譲されました。内容につきましては、居宅サービス事業の訪問介護、訪問入浴、通所介護という福祉系のもの、それと居宅介護支援事業者の4事業が、指定変更届の受理、事業者に対する運営指導等で権限が移譲された形になっております。

先ほど申しましたように差が縮まりましたので、介護保険料については統一しまして、第1期は３１００円、実績についても３０９７円、3円ほど余ったという中でされました。第2期については４９０円増額しまして、３５９０円で運営しております。今のところ、実績見込みではこの金額の中で終わる予定で進めております。

国保税につきましては先ほども申し上げましたが、各市町で設定しております。連合は各市町村のそれぞれの医療費を分賦金として課してございます。これが先ほど申しました自賄い方式でございます。ちなみにちょっと申し上げますが、分賦金につきましては、９万７８００円の高いところから、７万８８００円程度、大体1万８０００円から1万９００0円の開きがございます。こういったところが、うちのほうで保険税を一緒にできないという課題もございます。

広域連合の効果

広域連合の効果について申し上げます。一つ目は行財政の効率化です。一つ目は職員の給与費の削減。これは全体でも、1年間で大体９５００万ですが効果があるということです。それから保険というものは、会計規模の拡大によりまして、急激な医療費等の増嵩にも対応が容易でございます。また四つ目でございますが、基礎自治体が残り、共存できる行政の広域化で住民サービス等が低下しないという利点がございます。それから介護、国保、老人保健の3事業が広域連合一体で進めることによりまして、財政効果や健康施策、それから予防対策などの促進、健康な長寿社会を目指す効果が発揮できるということでございます。

六つ目に、権限移譲の受け皿が広がる。先ほど申しましたが、道からの権限が一部移譲されておりますが、さらに残りの医療系の在宅サービスや、施設関係の全部の権限移譲を今、道のほうに求めています。ただ、権限は求めますが財源も一緒にということで、財源が伴わなければならないということで、今、道との協議を開始しているところでございます。

広域連合の今後の課題

今後の課題について申し上げます。先ほどお話ししましたが、個々の保険税についての統一が、今連合で最大の課題でございます。いつごろまでに統一できるかということですが、大雪広域連合のように、産業構造が同じであれば統一が難しくありませんが、今現在、当連合では、地域環境の差、特に農業と産炭地や独自事業の取り組みの違い、それから医療費、国保の保険税、特にこの保険の中には応能割として の資産割と所得割とがございますが、資産割の農業主体の町と産炭地の町であります所得割、こういうものがあまりにも違いまして、なかなか難しい現状でございます。いろいろと難しいと思われますので、今後、国保再編・統合や医療制度改革が明確になった時点で、もう一度、どのように広域の中で進められるかを見極めていかなければと考えています。

もう一つが保険事業でございます。これからまさに予防していかなければ、保険運営は難しい時代になってくると思います。医療や介護の予防を連合と市町村とでは、どのように連携して展開できるかが大きな課題になると思っています。

今後の展望でございますが、今まさに財政的に困難な地域がたくさんあります。合併できないところについては、基礎自治体を残し、共存できる行政の広域化をして、広域連合制度を活用して財政効果を上げ、住民サービス等が低下しないようにできるものについては、広域化すべきと考えています。

さらに、国保の広域化は先ほど申しましたようにいろいろと課題がございますが、国保財政の安定化や将来の国保再編・統合や医療保険制度一本化のステップとして必要ではないかと考えています。最後に、地方財政を安定させるためには、保険、医療、福祉の連携が最重要であると思っています。大変雑ぱくなご説明でございましたが、以上で、空知中部広域連合の実践報告とさせていただきます。どうもありがとうございました。（拍手）

（資料等は省略しました＝編集部）

空知中部連合自治研究会

空知中部連合自治研究会幹事長
三本英司（奈井江町まちづくり課長）

1市3町で研究会設立

皆さん、どうもご苦労さまでございます。このホールは、実は10年ちょっと前につくったのですが、先ほど森先生からお褒めをいただきました。ホールをつくるときに、森先生の著書であります『文化ホールがまちをつくる』という本を参考にもさせていただいて、今の運営にも影響を与えているということを、まず一つ、お礼かたがたご報告させていただきたいと思います。また、松岡町長さんから、国保を通じてこの広域連合の発祥の地であるということが申し述べられました。地方自治の在り方をこのホールから発信できるということが、ホール建設のときに携わった者として、大変うれしく存じております。

さて、私に与えられましたテーマは、「空知中部連合自治研究会の状況」ということです。まず皆さん、今、空知中部広域連合の堀が説明しました資料を見ていただきたいと思います。その頭のところに地図が載っていると思いますが、空知中部広域連合は中空知の1市5町で構成されております。同じような名称で分かりにくいので、空知中部連合自治研究会を、連合自治研究会の頭の文字を取って「連自研」ということで略して申し上げます。この連自研は、歌志内市、奈井江町、上砂川町、浦臼町の1市3町で構成する研究会です。

これについて、皆さんのお手元に資料2ということでお配りさせていただいておりますので、この2ページ目を開いていただきたいと思います。設立の経過と今に至る状況、また後ほど課題等についてもご説明をさせていただきたいと思います。

結成の背景と理由

まず、なぜこの連合自治研究会ができたかということです。先ほど来ずっと議論されておりますが、市町村合併の動きというものが非常に大きく作用しています。平成13年に私どもの奈井江町においても、合併というものはどういうものなのかということでの検討が始まりました。13年というのがまさに合併の議論が本格的になされ始めた年ではないかと思いますが、この中空知の地域、芦別市から奈井江町までの5市5町でありますが、ここの中空知の中で広域圏を持っており、この広域圏において、13年の夏に地域づくり懇談会というものが構成され、この中で合併の勉強が始まりました。

これが平成14年度の末に、任意の合併協議会という形で発展をしてまいります。この間、芦別市は早々にこの任意合併協議会には入らない、自立をしていくのだという宣言をされております。それで4市5町で、この任意合併協議会がスタートいたしまして、合併した場合にどうなるかというような、中空知のグランドデザインなるものも作成をし、それぞれの構成市町で合併後のまちづくりを検討されたわけです。この中で私どもも併せて奈井江町のあり方というものも勉強していったわけですが、ご承知のとおり奈井江町においては、平成15年の10月26日に住民投票を行い、法定協議会には参加しないということを決定しております。当面の自立ということを決めたわけです。

私ども奈井江町の判断の結果もありますが、平成15年度末、12月になりますが、残った4市2町が法定の合併協議会を設立しております。滝川市、赤平市、砂川市、歌志内市、そして上砂川町と浦臼町がこの法定協議会に参加して、合併の議論を進めたわけであります。合併の議論の中身については触れませんが、この議論が約1年近く、翌年6月ぐらいまでに大詰めの議論がされて、結果として7月中に滝川市がこの法定協議会から離脱するという宣言をもって、9月に正式に解散に至っております。

この滝川市の離脱宣言が、私どもが連自研を設立する契機となりました。平成16年の8月に、先ほど説明いたしました堀の空知中部広域連合の首長会議が終わった後、それぞれの状況について関係された首長さんからご報告があり、その中で、これから結果としては解散になるのだけれども、今後、財政の運営も含めてどのような形で自治の研究を進めていかなければならないかということが話題になりました。

その中で、もともと新十津川町さん、雨竜町さんについては、しばらくの間は自立をするということで、法定協議会にも参加しなかったのだからこの連自研の研究会にも参加しませんということでありましたので、歌志内市、上砂川町、奈井江町、浦臼町の1市3町の首長さんが研究する場をつくりましょうということでの基本合意がなされました。この後、たまたま歌志内市において首長選挙等々がありましたので、即その場での組織の設立ということにはなりませんでしたが、11月26日に、改めまして1市3町の首長と助役、総務課長というような形で集まり、設立に至ったわけであります。

研究の目的と課題

資料2にありますように、目的として、「構成市町が相互に連携・協力して、行財政運営の効率化、さらに地方分権等地方自治の諸課題を研究し、地域の発展と住民サービスの維持向上を図る」ということで、極めて抽象的で漠然としたものではありますが、とにかくこれからどうやっていったらいいのか、いろんな手法があるだろうから、それらをみんなで勉強しようということであります。

この会は、当初合併ということがすぐイメージされましてマスコミ等々でも書かれましたが、基本合意の中で、合併ありきではないということでありますす。そういう形で、この4市町が動き出したわけです。各市町の概要につきましてはそこに書いてありますように、総人口で2万人強、面積は285平方キロメートルということでありますし、普通会計決算額、普通会計職員数等々がそこに載ってございます。

第1回目の研究会で、研究会の組織ですとか、主要に検討すべきテーマがそこに書いてありますように決められました。たまたま奈井江町長が会長ということでしたので、事務局を私ども奈井江町が受け持たせていただくことになりました。研究会で確認された主要なテーマはそこにありますように、「保険医療福祉の連携」「農業と食の安全、安心」「その他必要な事項」ということです。また「道からの事務事業、権限の移譲体制の検討」というようなものも、追加として出てまいりました。

「保険医療福祉の連携」というのは、私どもの町が隣にあります砂川市を中心とした医療のネットワークの中にあるということと、住民に一番密接な課題はやはり保険医療福祉ということがテーマだろうと思いますし、そこがきちっとネットワークされれば、場合によっては次にあり得るであろう合併など、いろんな課題の住民サービスの平準化につながる一番大きなキーではないかということであります。

また「農業と食の安全、安心」ということについては、産炭地の歌志内市、上砂川町については、今、大変失礼な言い方かもしれませんが、石炭というものがなくなった段階で、基幹産業と言えるものがないということだと思います。そういう意味で、浦臼町、奈井江町の農業というものが非常に地域経済を支える上でのキーになる。そのときに、安全、安心ということが一つの大きなテーマだろうということで置かれました。

それから「道からの事務事業、権限の移譲」につきましては、たまたま昨年の11月28日の2日前、26日に道から道州制に関する関係で権限移譲4000項目、2000項目ということが各市町村に下ろされた日でありますが、そのようなこともあって、この4市町で連携を組む中で受け皿となり得るものはないのか、地方分権を進める立場から検討していく必要があるだろうということでテーマが決められたわけであります。

3ページに移りますが、このテーマの設定を受けまして16年の12月に幹事会をし、規約、要綱等を確認し、一斉に動き始めるわけです。現実的には17年の1月20日、第2回の幹事会で今後どのような形で進めるかということを踏まえまして、各市町から、そこにありますように資料の提出を求めて課題の整理に入っております。一つ目に「広域連携により行財政の効率化が期待できる」というような項目を出していただいて、共通の認識に立ちましょうと。要は、土俵を一緒にしなければ、いろんな議論が進まないということでこのようなことを始めております。それと「各市町の行財政改革の取り組み」についてもお互いに出し合って参考となるものを取り入れていきましょうということであります。それらの中で「当面の協議項目、協議期間等を設定」し、今後の取り組みを整理させていただきました。

手法の一つとして、実は市町村合併の議論が始まる前から、奈井江町と浦臼町においては、砂川市の広域消防組合が砂川、奈井江、浦臼で構成されていますが、消防庁舎の統合問題がありました。奈井江町と浦臼町の消防支署が老朽化している。また、石狩川をまたぐ橋が拡幅改修されて交通の利便が良くなりました。そのようなことから支署を統合して効率的なことができないかという議論がありました。残念ながらかなり計画が進んだ段階で合併の議論がわき上がってきたものですから、これはすべて休んでいた状況にあります。それらについてももう一度改めて検討を始めようということです。

これは教育委員会の共同設置というようなことについても同じことでありまして、いろいろな形での組織の統廃合について、改めて検討しようというようなことが議論されたわけです。共同施設の共同利用、事務事業の連携、ワーキンググループの協議というようなことで、方向性を見いだしてまいりました。

このことをもう1回再整理するために、企画担当課長、係長会議を持ち、具体な課題、どのようなことがそれぞれの町での検討材料になるのか挙げてもらおうということで、実際に企画レベルで集約をして挙げていただきました。これを2月の幹事会等にかけて整理していったのですが、残念なことですけれども、実際の話、企画レベルで取りまとめた段階では、広域でやろうという材料が挙がってこなかった。挙がってきても「当面、無理だろう」というようなのがたくさん出てきたのが実態です。

それはどうしても、机上の部分で大きな項目ごとにとらえます。例えば、保健福祉で何ができるかということになりますと、保健福祉という大きな枠だけを見てしまいます。そういうことでは、やはりなかなか広域連携は進まないのではないかということで、改めてワーキンググループをしっかり起こして、ワーキングの中で係長さんなど実務を担当している中で、大くくりの中ではなくて個別の事業、例えば健診であるとか、プール事業であるといった一つ一つの事業の中で広域的な取り組みができないかということをもう1回掘り起こしましょうという確認をしたわけです。

そのようなことで、早々にワーキンググループの立ち上げが必要だろうということで準備をさせていただき、6月29日に全体のワーキンググループを立ち上げました。この中で八つのワーキンググループを設立し、今それぞれが課題の整理に取り組んでおります。

中身は、今申し上げましたように大きなテーマではなく、それぞれ八つのワーキンググループが個別の一つ一つの事務事業の中で共同でやれるものを掘り起こし、まず、どういうものをやるかということの課題を整理する。次にその課題をどのような形でやるか、またやれないかということを整理する。これを9月ぐらいまでに整理し、一度中間報告をしようという形で、今進めているところであります。実態はそんなところですので、今ここでこんなことができるようになりましたという具体的な説明はできないのですが、今後、それらが9月ぐらいには一度整理されると考えております。

研究の組織と進め方

一番初めのページに戻っていただきますが、今申し上げたことを再整理しますと、空知中部連合自治研究会、連自研については、頭に研究会ということで首長会議があり、その下に助役と総務課長を中心とする所管課長による幹事会がございます。その下にワーキンググループを置き、担当課長、係長レベルで八つのグルーピングをしました。総務、税務、消防、農業・商工観光、建設、環境衛生、保健医療福祉、教育というような形のグループ分けをしたところであります。

今、具体的な例で進み具合について申し上げられるのは、先ほど言った消防の関係で、奈井江と浦臼町についてはそういうことでありましたので、今改めて消防支署の統合について、具体的な施設の規模等については既に出来上がっております。今後は、年次的な、いつの時点にそれを置くか、あるいは場所をどこにするかという一歩進んだ議論が始まろうとしております。

また、歌志内市、上砂川町については、砂川地区の広域消防に加入しておりませんので、単独で持っていますから、これが広域消防というものをどうとらえ直してそこにかかわっていくかということをもう一度整理をしていただくという段取りになっております。教育委員会レベルでは、これも先ほど申し上げましたとおり、奈井江と浦臼については過去において、学校給食組合が一部事務組合で共同運営しているということもありますので、教育委員会の共同設置、あるいは一部事務組合を改編してのものになるかもしれませんが、そのようなものについての検討を進める。歌志内、上砂川についてそれの推移を見ながら判断していくということで、今進めております。

施設の共同利用・設置

以上が今の状況でありますが、私どものほうでこの連合自治研究会で進めることをもう少し申し上げますと、調査研究の課題で狙いとして持っていたものは、一つには公共施設の共同利用、共同設置というものがあります。これは例えば、スキー場ですと、奈井江町においても浦臼町においても、それぞれ非常に小さな規模のスキー場しかなく効率が悪いということから廃止をしようということであります。奈井江町については既に廃止しておりますし、上砂川町さんにお願いをしてスキー授業などをやっております。上砂川町さんも、実は今年度いっぱいをもって廃止をするということでありますから、管内で設備が充実している歌志内市の神威（かもい）スキー場を使っていこうと。こういうことが一番分かりやすいと思いますが、施設の共同利用ということです。

またプールにつきましては、奈井江町で新しく建てたものを浦臼さんで使えないかということが提起されておりますし、この文化ホールにつきましても、管内では小さいけれどもそれなりに自慢できる施設でありますので、ぜひ共同で使っていただけないか。そのようなことを研究しております。

事務事業の共同化、連携ということは、先ほど申し上げましたが、例えば住民健診。これは例えばそれぞれの町でやっている事務の手順は同じはずですから、それを例えば一つの町でやる。一つの場所で健診を進めるというようなことができないのか。各種イベント、それぞれの町がいろんな形のイベント、講演会等を持っていますが、それをまた一つの場所、一つの町でやれないのか。そのようなことの連携を図れないのかということの研究をしていきたい。

組織の統合、共同設置は、先ほど申し上げましたが、教育委員会、あるいは既に公平委員会については、奈井江町、それと奈井江浦臼学校給食組合、空知中部広域連合、浦臼町、この4団体が公平委員会を共同設置しておりますが、ここに上砂川町や歌志内市が入ることが可か否かというような議論もしているわけです。

農業委員会については、これは法律的には少し難しいのですが、合併を推進する上で一つの町の中に農業委員会が幾つあってもいいということが認められるようになりましたが、反面、幾つかの町で農業委員会を一つにしようということは法律上、まだ認められておりませんので、これはぜひ今後、国にも向かって言っていきたいし、場合によっては特区という形を使ってでも実現できないかということで、それこそ道のほうにも呼びかけをしているところです。組織の統合、共同設置の課題は、そのようなとらえ方であります。

権限移譲の受け皿

それと権限移譲の受け皿ということですが、地域分権型社会を前提としての権限移譲ということで、先ほど申し上げた昨年の道州制と権限移譲の議論があります。実はそれぞれの町が受けられる事務権限の移譲項目は、２０００項目も突き付けられても、現実の話、私どもが実際にやれるものは極めて少ないものです。恐らく皆さんのところもそうだと思いますが、パスポートの申請といったことならすっと受けられるのだろうと思いますが、これについても一定の規模の中でモデル的にやるということですから、当面は下りてこないのかなと思っております。

４市町で何かできるものはないかということです。例えば道道の維持管理について、これを受けられないか。これは道の地域主権室を通じて土木現業所担当とも一緒に研究をさせていただいています。具体的にはまだ進んでおりませんけれども、この点、北海道庁のほうも非常に前向きに受け止めて、一緒にテーブルに着きましょうということであります。道の基本スタンスは、一つのロットごとに権限移譲していくということですが、例えば道道の維持管理ということで、かなり大きな器になりますからそれを受けるとして、受ける体制としてもまた相当な準備が必要になります。そうであれば、受けられるものから個別の、維持管理という大きな中の一つ一つのものでも、場合によっては権限移譲というか、受けさせていただくということができないかということであります。道の説明はロットでやっていますが、個別の対応も提起いただければ相談に応じますということで、今ご相談をさせていただいております。

もう一つは、先ほど堀のほうからもありましたように、広域連合での介護保険等々の事務権限の移譲について、説明をさせていただいております。

基本的にはこの四つの大きなテーマですが、もう一つは構成市町の行財政改革の手法をお互いに開示し合うということです。これは広域連合なり連合自治研究会で広域連携を図るということが、場合によっては次に市町村の合併ということにつながるかもしれません。いずれにしても、行財政改革の手法を共有することで、私どもが取り入れていない新たな手法があればそれをまねさせていただくということでありますし、ほかの町と行財政サービスを平準化するということが、次のステップにとってかなり有効な手段だろうと思います。

合併も視野に入れて

先ほど申し上げた医療が皆さんの共通の課題としてあるのと同じように、一つ一つの行政サービスが平準化し、経済状況がある程度平準化していけば、当然次の合併といった議論が出てきてもおかしくないと思います。そういう意味で、それらのことも視野に入れた勉強をしようということであります。

私どものこの連自研の進め方の特徴は、4市町が一緒になってやりましょうということではなくて、2町間、3町間、あるいは1市1町でやれるものはやりましょう。四つの町が全部手をつながなければできないということですと、これはまたなかなか進まないわけでありますので、1市1町でもできるものがあればどんどんやっていくということです。そうすることで、広域連携に先鞭を付けられますし、そのことをほかの町が見て「なるほどな」というものであれば、どんどん入ってきていただければいい。これは先ほど堀から説明がありました広域連合の中で、奈井江と浦臼がパイロット事業として国民健康保険だとかいろんなものに取り組んで手法を学んだものであります。

今、連自研を取り巻く状況については、そのようなことでありますが、私どもが事務局を持たせていただいて、この連合自治研究会を進めるに当たっての課題といいますか問題点について、私見も含めてご報告させていただきます。

連携を図る市町間の産業構造や財政基盤の格差というものが、この構成4市町の連携にかかわる意識の中で、なかなか難しい問題となっています。各構成市町の連携についても温度差があるということは、否めないと思います。

明年出てくるであろう道の審議会の勧告を、逆に妙にそれぞれの市町が意識し過ぎて、本来連携を議論する前に先読みをし過ぎてしまうがために、なかなか突っ込んだ議論がされないということもありました。そのようなことから、私どもは、先ほど松岡町長さんもおっしゃっていましたが、この研究会を進めるに当たっては、広域連携がいいのか悪いのかという議論を研究会の中でしていては進まないわけです。

それで、助役さんを通して各町の職員の皆さんに徹底していただいたのは、連携の是非を議論するのではなく、連携を前提とした議論を進めていただきたいということで、ワーキンググループの発足に至っております。とは言え、なかなか進まないのが実態ですが、基本のところをそこに置かないと無駄な時間ばかりかかってしまうということで、これについては徹底をしております。ですからワーキンググループでも何がやれるかということで議論していただいておりますので、少しずつ前向きに進んでいるということであります。

次に、広域連合をはじめとする広域連携というものが、実感として合併への対抗軸というふうにとらえられてしまっているということです。広域連合にしても、町村会が言っている連合自治体にしても、これは合併への対抗軸ではなく、合併してもしなくても、行政の効率化や分権型社会における地方自治実現の一つのツールでしかないと考えております。例えば北海道のような過疎地であれば、小さな町同士が合併をしても、財政的な困難さというのは変わらない。逆に、そうはいいながら、ある程度の体力は必要でしょうから小さな合併というのは場合によっては必要だと思います。しかし小さな合併が実現しても、広域連合だとかいろんなツールを使って行財政運営をしていかなければ、地域に根差した自治の実現というのは難しいのかなということです。

私どもが常にアンケート等に書き込んでいるのは、多様な自治の在り方を認めていただきたいということです。多様な自治というものが認められれば、より充実した地方自治の展開が可能になるのではないか。例えば、東京都のある市などが消防庁に消防業務を委託しているのと同じように、他の市町への事務委任ということだってあってもいいし、いろんな形のものが考えられるだろう。そうすると、５００人の町であればこんな自治、１万人の町であればこんな自治といろんなことができて、それは住民の生活に同じようにきちっと立脚した自治というのが可能というか、そのような形が求められるのかなと思っています。

これは今の状況ではかなり夢物語かと思いますが、

そんなことも含めて、この連自研の中で研究できればなと思っております。とりとめのない話になってしまいました。奈井江町が、当面の自立に向けた町づくりということを今進めていますが、このことについては9月17日に私どもの碓井君が講座で説明をすると思いますので、省かせていただきましたが、何とかこの連自研を使って、そういう糸口を見つけていきたいと思っております。どうもありがとうございました。（拍手）

（資料等は省略しました＝編集部）

第2講（徹底討論）

自治体間協力の可能性を問う

砂川敏文（帯広市長）
松岡市郎（東川町長）
北　良治（奈井江町長）
（司会）
佐藤克廣（北海学園大学教授）

佐藤　司会をいたします佐藤でございます。本日は、「自治体間協力の可能性を問う」というテーマで討論を行うことになっております。すでにお三方からございました報告などを踏まえて、進めて行きたいと思います。

さて、自治体の協力には、いろいろな方法があります。合併も一つですが、広域連合その他のいろいろな連携・協力の仕組みがあります。この討論では、いったいどういう方法、仕組みが望ましいのか、また今後の北海道の自治の発展にとってよいのかについて、探っていきたいと思っております。

さて、登壇している方では砂川帯広市長さんだけ何も講演部分がありませんでしたので、最初に砂川市長さんに今のお三方の報告、あるいは十勝の状況などについてお話をいただこうと思います。よろしくお願いいたします。

自治意識を啓発した合併論議

砂川　皆さん、ご苦労さまです。若干時間をいただいて、お話をさせていただきたいと思います。先ほど来、大雪と中部空知の実践事例を含めた広域連合のお話をお伺いさせていただき、大変参考になりました。皆さんが、住民のためにどういう自治の組織がいいのだろうかということで模索をされて、そして成果を挙げられていることに、敬意を表したいと思います。

合併の論議が全道で、あるいは全国で進められまして、その結果、地域によっても、また都道府県によっても、随分進め方などが違っているのが現状だろうと思っております。いずれにしましても、全国の自治体が合併の是非あるいは進め方などの議論に参加して、自治体、理事者、それから議会はもちろんですが、住民も大いに議論をしたということが、今後の自治のあり方を考える上で大変大きな効果があったのではないかと考えています。きわめて客観的な言い方ですが、我々の十勝の例を見ましてもそうだと思います。大いに意識が覚醒されたといいますか、啓発されたといいますか、そういう事態が出現したのではないかと考えます。

これは非常に重要なことだと思っています。今まで、特に住民の方々にとっては、そのような自治体の姿などというものはあまり考えてみなかっただろうし、考える必要もなかったのではないかという状況だったと思います。合併論議により、自分たちが住んでいるところがどういう姿になるのだろうかということを、自分たちが考えていかなければならないのだという意識が、多くの住民の間に芽生えてきたのではないかと思います。

今後、いろんな議論がまた出てくる可能性はあるわけですし、そうしなければならないと思いますが、そのときには、合併論議のレベル、水準がはるかに上がった状況での議論が行われるのではないかと思っているわけであります。

自治体の自治ということについては、議会、そして理事者が一生懸命考えてずっとやってきたわけですが、今言ったような事情で、住民の皆さんにとって身近な自治がどういう形になるのだろうか、どうあるべきなのだろうかということも含めて、自治のあり方の議論が本当にいい状況の中で、今後は行われるのではないかと思っています。

避けられない自治体間協力

砂川　いずれにしましても、自治体間の協力というのは、今回の合併で合併した自治体はもちろんですが、自立を選択した自治体についても、進めていかなければならないということは否定することはできないと思いますし、そうしていかなければ新しい自治状況に対応していけないと思います。

十勝の例をお話ししますと、今、道が来年の年度初めには正式に決めたいと言われている合併構想があります。十勝の市町村は、今、帯広市が１市とあと19町村の20市町村ございます。そのうち今回の合併では、１組、１町１村の合併が成立しまして、村が一つ減り、今度は１市18町村という形でスタートするわけです。今後、財政の問題など非常に厳しい状況が見えていますので、そのような状況の中でいかに住民の福祉を最大にしていくかという観点、責任を負えるかという観点から、もう一度、自治体間の協力のあり方をきちんと議論していこうという気運があります。

今、十勝圏域としては、将来十勝は一つになろう、一つでいこうということを目標にしてきています。これは18町村が主体でやっているのですが、当然、市も関係してくるわけですから帯広市にもいろいろ話があります。将来は、十勝は一つということをお互いの了解事項にして、いろいろ進めていこうということになりました。ただ、いつごろといったものは、まだ全然合意などはないのですが、考え方として一つでいこうということです。

そこに達するまでには、当然時間もかかるし、いろいろ克服しなければならない状況もたくさんあるわけですから、広域の連携を十分に検討して、やれるものはどんどんやっていこうということで、進めることになりました。

多様な協力方式の検討を

砂川　広域連携の中身ややり方については、どういう形なのかというのはまだ具体的にはなっていないわけでありますが、これは大いに多様性が考えられるので、可能性を排除しないで検討しようと私は考えています。広域連合というのもあるだろうし、一部事務組合の拡充といった形でいくのか、あるいは町村会が考えております連合自治体など新しい考え方も持ってくるのか、多様性は排除しないで検討していこうと考えています。

先ほどもお話ししましたが、広域連携の必要性というのは各首長さん方みんな分かっているわけです。今、十勝では、十勝圏複合事務組合があり、ここに20市町村が全部入っています。この中で高等看護学院、それから教職員の研修関係などをやっています。それから廃棄物の処理の関係で、十勝環境複合事務組合があり、これが17市町村参加でやっています。あとは水道企業団が1市4町2村の7市町村でやっているなど、いろいろなものがあります。これらをさらに深めて広めてやっていけないかと考えています。いろんな状況が考えられますが、当然介護保険、国保、消防、そのほかいろんな事項が候補に挙がっています。

そういうことで、20市町村、力を合わせられるものはやっていこうということです。この場合、十勝全体でやるか、あるいは仕事によっては十勝をさらに三つなり、四つなりに分けてもいいのではないかなど、いろんなバリエーションがあると思います。

これから留意すべき諸課題

砂川　あと広域連合、事務組合、連合自治体などいろいろありますが、それを進める上で、私は何点か留意事項があるのではないかと思っています。もちろん広域連携の進め方だけではなく、今後、分権時代の自治体のあり方を考える上で注意しなければならない点として、私なりに考えたものがあります。

一つは、地域の特殊性や経過、歴史、置かれた状況によって多様な形を考えるのは当然です。それと同時に、自治体を構成する住民にとっては、一つの地域において様々な制度がふくそうしてきますと複雑になり過ぎて、自治を支える住民という意識が混乱するのではないかという心配があります。住民にとっては、できるだけ簡素で分かりやすい組織や姿のほうがいいのではないかというのが一つございます。

あとは、権限移譲の話がございましたが、権限移譲の受け皿として広域連合も当然考えられます。広域連合としては受けられるものは受けていく。単独の市町村では受けられないものの受け皿になる余地が当然あるわけですから、それはどんどんやっていく方法があると思います。ただ、ある地域では広域連合で、ある権限を道からもらう。ある地域ではそこまでいかないから、やはりその地域の仕事は道がやっているという形が当然予想されます。そのときに、北海道がその事務をやっているわけですから、それなりに体制も整えられる。一方では、それを受けたところではそれなりの体制も整えなければならないということになると、住民にとってトータルのコストで本当にペイするのかどうかもしっかり検証しなければならないのではないか、そういうふうにも思っています。

受益を受ける人たち、仕事の対象になる人たち、先ほどの話では、介護保険の認定事業者の認定といったものについて、例えばある地域には権限が下りますよと。そうするとどういう調整があるのか、詳しい話は分からないのですが、例えばある事業者の人は、北海道の認定を受けて北海道一律でやる。一方ではもう一度、例えば広域連合のほうにも申請などをしなければならないとか、それを受ける住民にとって本当にサービスが簡素化されているのかということもあるのではないかと、その辺は、実際にやっていく上で整理をしていかなければならない事柄になると思います。

そのようなことを、今お話を聞いていて感じたわけです。いずれにしても、これから新しい時代に向けて、自治のあり方というのは、今言ったように多様性は当然考えられてしかるべきであるし、その地域にとって一番スムーズに、そして分かりやすいものが選択されることが必要だろうと思います。十勝でも、模索をしているところでございます。

それから、今日は市長という立場は私1人ですので、全国市長会の動きも紹介します。「分権時代の都市自治体の在り方に関する検討会」というものがありまして参加しているのですが、いろいろ幅広くやっています。道州制にどう対応するかとか、あるいは教育委員会や農業委員会といった行政委員会はどうあるべきか、また助役さんや収入役さんはどうすべきかというような組織論もいろいろ議論されています。

全体的な議論の感じとしては、分権時代のしっかりとした受け皿として機能していくためには、しっかりした自治体をつくっていかなければならない。そのためには行政の効率を考えて、どの程度の規模が必要かという話もあります。都市自治体としては10万人規模かな、というのが大方の理解という感じで進んでいます。市町村レベルと都市レベルというのは違うという感じはしますが、こうしたことを参考にしながら、我々は十勝の市町村の在り方も考えていきたいと思っています。以上です。

これまでの広域連合の経験から

佐藤　ありがとうございます。北町長さんは先ほどお話しいただけませんでしたが、奈井江の方からお話しいただいたということで、少し具体的な中身に入ってまいりたいと思います。松岡町長さん、連携を進めていく上で、既存の制度が不備、災いをもたらしているといったような側面もあったと思います。そういった既存の制度上の問題点について、何かお気付きのことがあればお話をいただければと思います。

松岡　今まで広域連合化をして、問題だと感じたところは具体的にはないのですが、これから出てくるのだろうと思います。特に北海道は、連合自治体というようなものを進めているわけですが、連合自治体は広域連合ときわめて近い関係にあると思います。いわゆる広域連合であっても賦課権といいましょうか、税金を賦課する権限を普通地方公共団体と同じように与えていただくということは将来必要になってくると思っていますが、今までの中では、具体的にはございません。

佐藤　北さんは中空知でいろんな努力をなさってきたわけで、国の制度の壁だとか、道庁の壁だとかいろいろあったと思います。そういった点、またそれをどういうふうに克服してこられたのかといったようなことをお話しいただければと思います。

北　先ほどの２人の話にもきちっと述べられているように、実際のところ、広域連合そのものの制度上だとか条例上の課題点は、それ自体あまりないように思います。ただ言えることは、私ども1市5町の広域連合で国民健康保険事業に取り組む上での課題点としては、先ほど松岡町長さんから、大雪地区広域連合は保険税から保険料にして平準化したというお話がございましたが、このことが私どもの地域では極めて難しいということがあります。

農業をバックグランドとした大雪地区は比較的似通った産業構造をしておりますが、私どものところは、旧産炭地の上砂川、歌志内と、新十津川、雨竜、浦臼、そして奈井江という農業の広がりの中に支えられているまちがあります。かつては石炭が主要なエネルギーで、石炭産業が日本全体を引っ張って日本経済全体に貢献してきた。それが産業構造の変化によって、炭坑が一つもなくなった。そして農業もない。そういう中で、高齢化率も非常に高いわけです。そういった旧産炭地のまちとどう平準化していくか、平均化していくかは、大変難しい問題です。したがって、市町村合併においても、このことが内部で話題になったのですが、こういったことについて、国がどんなサポートをするか。私どもの地域では、これが非常に大きな問題だと思います。

前段、空知中部連合自治研究会についての報告がありましたが、この研究会においても同様に温度差以上に基本的な根幹のところに課題があると思います。これは決して、市長さん、町長さんが悪いわけではありません。そういう背景を抱えているのです。

ですから、そういった意味で、道あるいは国が、どんなサポートをしながら、これらの一体性を作っていくのか、協力関係をつくっていくのか、そこに大きな課題があるのです。

フロアの方々の問題提起

佐藤　ご登壇いただいたお三方には一通りお話を伺いました。この辺でフロアのほうからも質問、ご意見をいただいて、その後また討論を進めてまいりたいと思います。どなたからでも結構でございます。

フロア質問者　長沼町在住の者です。住民自治、あるいは市民の政策への参加ということが、地方に分権していく中で大切だと言われていますが、広域連合の要項を見ますと、直接選挙を行ってもいいけれども、一部事務組合の議会は間接選出です。それと住民の直接参加あるいは住民との直接の自治の提供ということについて、質問します。

佐藤　ほかにいかがでしょうか。

フロア質問者　瀬棚町に勤めている者です。せたな町の場合、旧瀬棚町及び大成町、北檜山町の３町合併に伴ってまもなく誕生するところでありますが、合併につながるまでに、実は非常に残念な事実がありました。住民投票にかけたという経緯が全くないのです。実際に仕事をしている我々からしますと、４シーズンで４割ぐらい財政がカットされたという厳しい現状から合併せざるを得なかったことは確かに理解できるのですが、もう少し合併に住民の意向が反映できるようになっていれば、合併にすぐいかずに広域行政、広域連合を継続する道もまたあったと考えることもできます。

自治体が置かれている厳しい仕事の環境、そして住民が置かれている厳しい現実にもっと目を向けていかないと、強制合併したところで物事は本質的には何も解決していかないです。やはり自治体には自治体の事情があるということを、強く言うべきところは言うべきだと思います。

佐藤　ありがとうございました。ほかにいかがでしょうか。

フロア質問者　えりも町の者です。現在道内各地で連合自治の研究、議論が行われていますが、道が提唱している連合自治体制度との違いをお聞きしたいと思います。

直接選挙で連合長の選出も

佐藤　３人の方から質問をいただきました。最初の質問は、直接参政、市民参加についてでした。この点は、松岡町長さんのところではどのようにお考えですか。

松岡　ご質問いただいたような問題も、町民の方とかあるいは議会の議員さんからはあります。今行っております事務の中で最も住民の皆さんのご意見を反映しなければならないところは何かというと、国民健康保険です。その保険料を決めるときにどうするかというところが非常に重要なわけです。これについては、国民健康保険の運営協議会がございますから、その運営協議会は3町から代表者が来ているところです。それからまた事前に議会の中で、構成町の議員協議会を開かせていただいて、その中で連合の考え方をお示しするということでご理解をいただいているわけです。

あとは、例えば老人保健の問題であるとか、支払い関係ですが、これは支払ったものは払わなければならないわけですから、そういう政策的な要素というのはほとんどないということであります。住民の声の聞き方としては、いろんな機会を通じて聞いていくということだと思っておりまして、今のような聞き方でいいと思っているところです。

佐藤　北町長さん、いかがですか。

北　実際は広域連合も、連合長を選ぶのには、直接選挙は可能でございます。しかし、今私どもとしてずっとやっていることは、各市町長間で、広域連合の中で連合長を選ぶ。私は2期連合長として選ばれたのですが、ほかの市町長さんは副連合長になっているのです。間接的な選び方になるわけです。そういう形で現在はやっておりますが、直接選挙をやろうとするならば、今できます。

私ども広域連合では、一つは、介護保険の保険料は平準化しています。その点についての地域住民のニーズをきちっと聞かなければいけない。これは各議会で、十分議論して積み上げた上にのっとって、広域連合の会議を開いております。

それからいまひとつは、それぞれのサービスについてはそれぞれ伝統があり、やり方がある。したがって、サービスそのものについては、それぞれの市、町が地域住民の意見を聞きながら、ニーズに合うように独自な形でサービス展開をしています。それから国民健康保険につきましては、自賄い制度でございますから、事務の簡素化ということでは大変貢献しております。

私も連合長はできるだけ直接選挙にしたほうがいいということを、選ばれたときに言ったのですが、皆さん「いや、それはそれぞれの地域で、きちっとニーズに応えて今のところやっているから問題ないじゃないか」ということになっております。が、幅広いサービス展開などをしようとすると、住民のニーズをきちっと聞く、参加させるという意味では、連合長は直接選挙で投票ということも必要ではないかと思います。

佐藤　ありがとうございます。砂川市長さんにお伺いしたいのですが、今の問題と関連しますが、十勝圏で複合事務組合がありますね。事務組合の場合は、広域連合に比べてもさらに代表の要素が弱いわけですけれども、その点で地域の人たちの声を聞くのに、何か工夫なりお考えの部分があれば、お話ください。

また、先ほどの市長さんのお話の中で、十勝全体が一つになるというお話がございましたが、それは相当広い、確か私の記憶では関東の1都3県を含むものすごい広さの地域だと思いますが、そういった地域で住民の声を果たして吸い上げていけるのかどうか。その2点をお聞かせ願えればと思います。

砂川　私たちも事務組合につきましては、先ほどお話がありましたように広域連合よりもさらに制度的に直接の結び付きが保証されていないわけですから、それでもやはり事務を実際に一緒にやっていったほうがいいということで進めてはいるわけです。それが実際、住民の皆さんの意思を直接聞いたかどうかというと、今のところは聞いていない状況ですが、それぞれの議会、構成団体の議会なりでは議論して進めています。住民の皆さんは非常に関心を持たれておりますし、ちゃんと自分たちで判断をして意思を示したいという意向が非常に強くなってきていると思いますから、それに応えていくべきだろうと思っています。

合併以外にも選択肢はある

佐藤　ありがとうございます。2番目のご質問は、市町村合併に関するご質問だったと思います。北町長さんは道の市町村合併推進審議会に入られてだいぶ奮闘しておられると伺っておりますけども、道庁が新たな合併を模索しようということになっていて、話が進んでいます。

奈井江町をはじめ中空知では、はた目から見ますと、広域連合はもうここまでいったのだから、そろそろ合併してもいいのではないかというようなことも思うわけですが、合併に踏み切らない理由をお話しいただければと思います。

北　市町村長は、この間までの合併議論で本当に精根尽くして、エネルギーを使い果たしたというか、大変な状況なのです。しかしそこで逃げたらだめです。先ほどの方がおっしゃったように、住民とともにこのことを話し合いしなければいけない。先ほど空知中部連合自治研究会の報告であったように、広域連携には限界もあるのです。いまのところは1市3町の職員だけで研究を進めていますが、今後、中間報告のあとは、それぞれの住民も参加して、その中で協議を交わしていくということが必要だと思います。

いずれにいたしましても、連合自治構想は先ほどの質問の中でありましたが、国はまだ認めておりません。広域連合の中でやるということは認められておりますから、この範疇でやる。広域連合を進めた結果、合併が必然ということになっていけば、これは当然のことです。合併のみではなく広域連合も国に認めてくれということを、知事を先頭として北海道事情、地域事情をきちんとアピールして、国に認めさせる。そういうことが必要ではないか。私はこのことをきちっと言おうと思います。

佐藤　ありがとうございます。松岡町長さんにお伺いしたいのですが、道内を見ていますと、合併の問題がこじれて、かえって自治体間協力がしにくくなる状況が一部に見られます。町長さんのところでは、そういった問題はないのでしょうか。

松岡　私どもの町は、合併の任意協議会も立ち上がっておりませんでしたし、そのため、もちろん法定の協議会も全くございません。ですから3町で具体的に合併の問題について、どういう問題があるのかといった整理はしたことがないのです。関係する町、私どもなら東川の町が、例えば3町と合併したらどうなるのかとか、あるいは旭川市と合併したらどうなるのか、そういった資料をいろいろいただいて内部検討したわけです。先がはっきり見えているなら別ですが、先が見えていない中では、合併というのはいかがなものかと、もう少し様子を見ようということがございました。

ですからこれからも、いろいろな手の組み方、先ほど三本さんのお話にもございましたが、いろいろな連携があり得るだろうと思っていまして、そういう連携を具体的に検討していきたいと思っております。

連合自治体構想と広域連合

佐藤　ありがとうございます。質問の3番目は、町村会などが出しております連合自治体構想と広域連合とどう違うのかという話です。北町長さん、何かコメントございますか。

北　広域連合は、課税権がない。いまひとつは、交付税交付金が連合に入ってきませんから、そういった意味の課題点があります。それをクリアしようというのが連合自治体でございます。そして、連合自治体の本質は、将来、市町村合併するに当たっても、ソフトランディングできる形づくりを、お互い共有し合いながら近づいていこうというものです。住民がお互いの施設を利用したり、さまざまな交流を行う中で、合併の必然性が出てくる。これが連合自治体の町村会がうたっている大きな柱です。

佐藤　これは私からも伺いたいのですが、今の国の制度では、それを変えればいいだけなんですけれども、特別地方公共団体というふうになっている部分については、交付税は出ないし課税権もあまりないということになっているわけです。連合自治体というのは、いわゆる特別地方公共団体ではなくて、普通地方公共団体にしようとしているのか、それとも特別地方公共団体なんだけれども、そういうことができるようにしようというふうに考えておられるのか。そのあたりは、何かお分かりでしょうか。

北　やはり特別地方公共団体として認めていただきながら、交付税もいただく。なぜ交付税の問題を言うかといいますと、交付税が入っていることは事実なんです。広域連合には入っていませんが、実際のところは各構成市町には入っています。しかし、例えば権限移譲の問題で、私どものところは在宅福祉で指導監督権の権限をいただいております。これにはある程度事務的な費用というのが組み入れられていただいているのですが、人件費は入っていません。私は国と総務省のある幹部と話し合いをしましたら、「北さん、そうであれば、道と話し合いをして、きちっと分けていただけば、市町村にそれぞれ配ることはできます。でも市町村に配るといっても大変難しい話ですね」という話をするのです。ですから、広域連合に交付税制度が参入されるとなると、権限移譲を受けた場合、人件費の面でも所定の所要額を算入していただけるのではないか。ここまで私は思っております。

それから、課税権もそうなのです。広域連合には課税権がないので、国保税を各市町で集めていただいていますが、連合長がやれるようにして責任体制をしっかりする。そういうことになりますと、連合長の公選制ということがそこに発展していくだろうと。それが本当の意味での連合を民主化するために一番いいことではないかと思っております。

合併を夢あるものにできるか

佐藤　ありがとうございます。フロアからまだお聞きになりたいとか、ご意見がございましたら、少々お時間ございます。

フロア質問者　中川町職員です。首長の皆さまにご質問申し上げたいのは、合併というものを何か夢があるものに今後考えていくということについて、どのようなご意見をお持ちか。それから、最終的には合併というものをしなければならないという町村が多いのですが、どうしようもなくなってから合併をするというのではもったいないと思います。また、これも今後の参考にしたいのですが、もしヘタヘタになったところで合併を強いられた場合に、何かウルトラC的なものが今発表できる中であれば、お話しいただきたいなと思います。

佐藤　これについて、お三方から少しコメントをいただきたいと思います。砂川市長さん、いかがでしょうか。

砂川　まさにそのとおりではないかと思います。要するに最終的にどうしようもなくなって合併を選択するとか、せざるを得ないという状況は絶対に避けなければならないと思っています。そのためには、今置かれた状況を冷静に見つめることが必要でありますし、いろいろ議論をしていっても、ついつい個別の利害が衝突してしまって、そこでにっちもさっちもいかなくなるということがあります。

ですから、そういうことにこだわるのではなく、その前に大前提として、例えば広域連合をやる、あるいは合併をする、あるいは自立する。どちらでもいいのですが、とにかく首長なり議会なり、そして何より住民の皆さんがしっかりとそういう強い意思を最初から持って、方向性はこれでいこうと。その上で、ではそれを進めていくためにはどういう協議をしなければならないのかということで進めていかなければ、物事は繰り返して、同じようなことを議論してなかなかうまくいかないということに陥ってしまうのではないかと思います。

合併を夢のあるものに、ダイナミックな感じにというお話がありましたが、これは財政状況は当然重要なことですが、そのほかにもっと重要なこととして、自分たちの地域を一番いい地域に、自分たちが住む以上、これからもしっかり住み続けて発展させていく地域として保っていくためには、ではどういう形がいいのだろうかと。地域を経営していくという観点で、その一つとして自治体のあり方や合併論議、広域連合の議論といったものを進めていく必要があるのではないかと強く感じています。そうしなければ、また今までと同じように財政が苦しい、あるいは福祉のサービスがどうなのかとか、そういうことで引っ掛かって、どういう方向に進むかは別にしても、前に進まなくなるのではないかと思っています。

チェンジ・チャレンジ・チャンス

佐藤　松岡町長さんは、必ずしも合併ということを目指していないようですけれども、今のようなご意見に対してはどのようにお考えでしょうか。

松岡　合併を夢あるものにというお話がございましたけれども、私も実は期待しておりまして、今回北町長さんが入っておられる合併推進構想の審議会というのでしょうか、その審議会の中で町村の組み合わせはいいけれども、夢ある姿を出せるなら出してほしいということを期待しているのですが、どうなんでしょうか。

私は基本的に、これは私どもの町だけの話ですけれども、私ども自治体は、国や道の下部組織ではないということだと思います。そして自治法が改正になりまして、国と道との協力、対等な関係になったわけですから、例えば北海道や国が助言等の勧告をした、しかしその勧告に従わなかったからといって、不利益は受けないということが自治法の中に明確に書いてあるわけですから、そこは私どもはしっかりと自信を持って取り組んでいく必要があると思っています。

それから夢あるという話でございますが、これは自分でつかむものだと思います。私どもは、「三つのチ」と言っておりまして、一つは「チェンジ」ということです。私たち自治体の職員は、なかなか意識が変わりません。ですからこれから何が必要なのか、あるいは民間の人に学ぶとすれば、民間に学ぶような意識をまず変える、チェンジする。

そして二つ目は「チャレンジ」する。自立なら自立という目標をしっかりと掲げて、何ができるかということで語るのではなくて実行する。チャレンジをする。そうすれば必ず「チャンス」が生まれてくるということで、私どもは取り組んでおります。

写真の町には、言葉でポジとネガという言葉あります。ポジというのは積極的、前向きといった話ですし、ネガというのは否定的な話です。私ども自治体を考えるときに、どうしても今までの予算からどうカットするかというマイナス思考でものを考えるわけですが、これからはやはりポジティブな考え方、どうやったらプラスになるのか。例えば税源が少なくなろうとしているというときにどうやれば税源を増やすことができるのか。交付税も、どうやれば現状を維持し、確保することができるのか。

そのような前向きな姿勢で考えていく必要があるだろう。そうすると合併とかあるいは単独とかいうのではなく、町の将来といいますか、そういうものが私は必ず見えてくると思っておりまして、住民の皆さんとは、そういうことでやっていきましょうという確認をさせていただいているところです。

連合の実践から将来像をつかむ

佐藤　ありがとうございます。最後に、北町長さん、いかがでしょう。

北　基本的には、そこに住んでいる人たちにとって本当に何が幸せか、住民自治機能をどう高めていくかということに尽きると思います。そのために、例えば単独でいけるのは単独でいく。いまひとつは、広域連合なら広域連合で生きていく。いまひとつは、合併も一つの方法だと思います。これは否定しません。

しかし、合併の夢というのはなかなか難しいと思います。今、北海道市町村合併推進審議会では合併推進構想を立てる、立てないということで、この次は議論になるのですが、そういうことでは夢のある合併はできません。それぞれの自主的な判断に基づいて合併の要請があればバックアップするという枠組みをつくっていきたい。自主性ということを基本にしていると私は思っておりますが、地域によって、どうしても合併推進構想をつくっていただきたいというところには道が乗り出してつくるということも、地域の事情ですからそういうことはあるかと思います。

そして、私どもの今のいき方としては、将来の合併もあるかもしれませんが、ありきではなく、例えば隣の市と医療連携していく。それが進んで医療の広域連合をつくっていく。医療だけではなく、保険、医療、福祉、すべてを包括した住民の目線に立った包括的な広域連合をつくっていく。そういう中で、一つの将来の姿をつくり出していきたいと思っております。以上です。

自治の質・量と自治体間協力

佐藤　ありがとうございました。ご質問をいただいたフロアの皆さん方に感謝したいと思います。さて、最後に若干のコメントを申し上げて終わりにしたいと思います。

今日のテーマは、「自治体間協力の可能性を問う」ということでございました。お三方のご議論、あるいはフロアからのご議論の中でも、これが自治体間協力の最もよい形であるとか、あるいはこうすればうまくいくといったような方法は出なかったということにご不満をお抱きの方もいらっしゃるかと思います。しかしこれは、今北町長さんがおっしゃいましたように、まさに、それぞれの地域でお考えになっていく、地域の人たちが、何を協力の可能性としてとらえるかといったところに絡んでくるのではないかと思います。

一方、国では、市町村をいわゆる総合行政主体と位置づけおります。総合行政主体ですから、ある意味、何でもかんでもやらざるを得ないという立場に追い込んでおいて、それをするには規模が大きくないといけないという論理を展開しているわけです。

それに対しまして今日の討論の中では、松岡町長さん、それから北町長さんをはじめとして、そうではなくて、いわゆる総合行政主体であるからすべてのことを一つの自治体で行うというのではなく、それぞれ協力し合えるところは協力して、総合の部分が少し欠けるかもしれないけれども、それとは違った選択肢というものがあり得るのだし、またそういった方向に進んでいくことも日本の地方自治、あるいは北海道の自治を進める上で重要ではないかという議論になっていたと思います。

自治を考える場合には、量の問題と質の問題ということがよく言われます。日本の市町村は量という点、ボリュームという点では非常に多くの仕事をこなしている。そういう点では自治がある。しかし、ではそのこなしている自治の質はどうであるかというと、ヨーロッパなどの先進諸国と比べてよいかというと、非常に劣っていると言っていいのではないかと思います。この量と質のバランスを取ることが非常に大事でありますが、そのバランスの取り方の一つとして、今日出てまいりましたような広域連合であるとか、自治体間の連携、あるいは自治体間の協力というのが非常に大事なことではないかと思うわけです。

時間になりましたので、これで本日のパネルディスカッションは終わらせていただきたいと思います。どうもフロアの皆さんのご協力、ありがとうございました。また３人の皆さんもありがとうございました。（拍手）

第3講（講演と報告）

これからの連合自治のために

フィンランドの連合自治

山田眞知子（浅井学園大学教授）

おはようございます。浅井学園大学の山田眞知子です。今日はお休みの日に早朝からご出席くださいましてありがとうございます。

私はフィンランドに30年間在住し、現在日本でフィンランドの福祉政策について研究しておりますが、日本と同様に、北欧諸国では福祉と地方自治は切り離すことができない課題であります。現在、私は文部科研費をいただきフィンランドの自治体組合の研究を進めておりますので、今日はフィンランドの連合自治についてお話をさせていただきます。私なりに、連合自治とは自治体間協力によっておこなわれる自治のありかたと解釈し、連合自治のかたちとして存在する「自治体組合」についてお話することにいたします。フィンランドにおいて自治体が協力して事務を執行する組織である「自治体組合」は、日本では「一部事務組合」または「広域連合」が、制度上の差異はありますが、それに相当すると思われます。

ただ、フィンランドの連合自治のお話と申しましても、皆様方にとってフィンランドはあまりなじみのある国ではないかと思います。そこで、初めにフィンランドの地方自治制度について概略をお話し、次に地方分権改革についての話に移らせていただきます。そのあとに、自治体組合についてお話しすることにいたします。

地方自治制度について

フィンランドの地方自治制度において、日本と根本的な制度上の違いは、フィンランドは一層制の地方自治制度であるということであります。北欧諸国は、地方分権が進んでいることでは共通していますが、スウェーデン、デンマークなどでは県が存在します。これに対して、フィンランドでは、県は国の出先機関として位置づけられており、県議会は存在せず、県知事は大統領任命の国家公務員です。ですから、地方制度では国と市町村である自治体の関係が問われるわけです。

フィンランドの地方関係者は、一層制は二層制よりも優れていると考えているようで、スウェーデンもいずれそういうかたちに移行していくだろう、エーデル改革もその一段階という人たちもいます。しかし、スウェーデン人がこれについて同じ意見であるかどうかはさだかではありません。

自治体の最高機関は住民によって選ばれた議会であります。地方議会の議員定数は住民数によって17人から85人と定められています。最小人数が17人と申し上げましたが、事情によっては13人まで減らしてもよいことになっています。最大定員数の85人は人口40万以上の自治体の場合ですが、それは人口が52万人である首都ヘルシンキ市のみです。40万都市で議員が85人というのは、札幌市が約１８０万人都市で議員定数が68人であるのと比較して、多すぎるとお考えになるかと思います。

議員定数が大きいことは、フィンランドをはじめとする北欧諸国では、代表民主政治を非常に重視しており、いろいろな階層や職業を持つ市民の代表が議員としてなることが、民主主義を実現する一番よいやり方だと、考えているからであります。しかし、住民運動を決して否定するわけではありません。住民の投票権も歴史的に強化されてきてはいますし、保障されていますが、住民運動によって一部の住民の利益が大きく反映されてしまう可能性があるので、議員数を大きく設定して、できるだけ多くの住民代表が議会で議論して決定するということを大切に考えているからであります。

議会が最高機関ですので、議長は自治体の最高のポストということになります。日本との明確な違いは、首長が公選制ではなくて議会が任命する制度となっていることです。つまり、自治体の首長は任期を区切って自治体の運営をするために雇用される人ということになります。例えば、自治体財政を5年で黒字にすることなどと、いろいろな条件を付けられて任命されることもあります。

このように自治体の首長はプロですから、公募に応じてある自治体から別の自治体に移ることも多くあります。大臣を勤めた人が市長になるような例もあります。首長の罷免権は議会にあります。地方分権が進んだ90年代になると罷免される首長数が増加したということです。これも議会の権限がより強化されたことを示す例であるといえましょう。議会は首長のほかに、内閣に当たる参事会、委員会などのメンバーも選出して、その人たちを任期中でも罷免することができます。

首長が公選ではないので解散権がありませんから、地方選挙は4年に1回全国一斉に行われて、18歳以上の市民に選挙権と被選挙権があります。18歳になれば議員として立候補することもできます。フィンランドでは義務教育が日本より1年遅く、7歳から始まりますので、高校3年生から選挙権を得ることになります。

そこで、中学3年生と高校1、2年生は、地方選挙、国会選挙、ＥＵ議会議員選挙時に本物の選挙の練習をすることになっています。実際の選挙の少し前に、学校内で、本物の候補者に対して選挙を行うわけです。その結果は公表されますが、若い人たちがどの政党に期待しているかがわかるので、政党もこれは無視できません。次の年には、彼らの一部は有権者となるからです。そればかりか、18歳で市町村議員や国会議員に立候補し、当選する人も実際に存在します。

初めに申し上げたように、議員定数が多いというのは、若い人からお年寄りまで、富裕層から失業者まで、いろいろな人たちが議員になれるということです。それが可能なのは、地方議員は原則としてボランティアであるからなのです。議員定数が非常に多くても、ほとんどボランティア活動、名誉職活動ですから、自治体の財政的負担はそれほどないわけです。

議会は月に1回夕方から行われます。一般の議員は出席によって一時間いくらというように手当てがでますが、政党がその半分近くを天引きし、その上税金が引かれますので、手元にはたいして残りませんし、到底それで生活できるような金額ではありません。このような制度だったら、皆さんは、それではだれも議員にならないだろうとお考えになると思いになると思います。ところがフィンランドでは違うのです。

私は首都であるヘルシンキに住んでいて、日本国籍の外国人ではありますが、地方選挙については選挙権があり、被選挙権もあります。訴えたいテーマがあるひと、または、自分のまちに影響をあたえたいと考えるたくさんの人が、立候補するのです。もちろん、将来国政に参加したいと思っている人も立候補するでしょう。

前々回の地方選挙では、定数が85人に対して９００人以上立候補したので、約11倍でした。これは比例代表制に関係があります。政党は、議員定数の１・５倍まで立候補者をだすことができることになっています。多く立候補者をだし、立候補者の投票獲得数によって政党の議席数がきまる制度なので、政党はできるかぎり多くの立候補者を擁立しようとします。フィンランドでは、立候補者と政党は一致しています。ですから、たとえばのはなしですが、民主党の候補者に投票し、政党としては自民党に入れるというようなことは不可能です。ある立候補者に投票すれば、自動的にその人の所属する政党を支持することになります。このように政党政治が機能しているので、無所属で立候補する人は非常に少ないものになります。また選挙にそれほどお金はかかりません。もし何らかの事情で当選者が辞職することがあれば、その人の所属する政党の次点であった候補者が繰り上げ当選となります。

そのほか、日本の制度と違う点としては、地方議員は国会議員を兼任することができることがあげられます。事実、国会議員の半数は、地方議員や地方公務員など自治体関係者であります。また一部の例外を除いて公務員も立候補でき、国会議員に当選すれば、その間は休職扱いになります。休職ですから、落選もしくは次の立候補を辞退することがあれば、いつでも職に戻ることができます。このように職を失うリスクがないので、安心して立候補できます。

また、女性議員の割合が非常に多いのも特徴です。2000年の地方選挙結果では、女性議員は全国平均で34・4％でした。女性の立候補者が全体の38％ですので、ほとんど立候補者数に比例して、女性は当選していることになりますので、今後女性の立候補者数が増加すれば、その分女性議員数も増加するでしょう。女性の首長もそれほど珍しいことではなくなりつつあります。ヘルシンキ、エスポーなど大都市の市長は女性です。女性の地方政治における役割は大きいと言えます。

自治体には課税権があることは日本と同じですが、フィンランドの自治体は課税率を自由に設定することができます。平均が今大体17・5％が地方所得税です。自治体の業績が悪い所では18・5％という例がありますが、自治体の収支が悪いからといって、税をあまりにも高くすると、住民が逃げていく可能性もありますので、その辺はバランスを取るようにしなければなりません。

自治体の歳入の50パーセントが地方税収入で、あとは料金収入と主に包括補助金として交付される国庫支出金がありますが、それは約14％で、自治体はその割合が90年代の不況のころから小さくなったことに不満を持っています。

最後に、自治体というのは、市町村だと申し上げましたが、正確に言うと、市とクンタと呼ばれる町村の２種類しかありません。自治体の約４分の１が市であります。市と町村（クンタ）には財政上の相違がありませんから、自治体はどちらを名乗ってもかまわないことになっています。市と名乗れる規模を持つ自治体であっても観光を主産業としている自治体の中には、わざわざクンタを名乗っているもあります。

自治体のサービスについて

ここまで、政治的主体としての自治体についてその主な特徴を述べました。次に、サービス供給主体として自治体について述べたいと思います。自治体の担うサービスは、３種類あり、（１）教育・文化サービス、（２）社会福祉・保健サービス、（３）環境・インフラ整備サービス、にわかれ、そのほかに商業や雇用を促進する義務があって、地域の開発を行わなければならないことになっています。

フィンランドでは、民間の役割も比較的大きいのですが、民間とは、第３セクターが主で、委託制度で公共サービスの中に組み込まれており、営利団体の割合はかなり低くなっています。教育・文化サービスでも公立の学校はすべて自治体が運営し、あとで述べる自治体組合が運営しているものが多くあります。つまり、学校も義務教育は市町村事務であることはもちろん、すべて国立である大学を除いた高等教育機関である職業教育、生涯学習教育をになう大学校は公立であり、自治体または自治体組合が運営します。社会福祉や保健のサービスも自治体に供給義務があります。

環境・インフラ整備サービスは、土地利用、給水及びエネルギー供給、ごみ処理、環境保全、消防・救助サービスなどが含まれます。土地利用については、自治体にほとんどの権限があります。

これを財政的に見ますと、２００3年の資料では公共政策における自治体の役割は非常に重要で、公共セクターの30％以上、つまり公共支出の3分の２を自治体が占めています。そして自治体の歳出の44％が社会福祉・保健事業、23％が教育・文化事業、設備投資、そして公共事業は10％に過ぎません。つまり自治体の歳出のほとんどを保健・福祉、教育・文化事業が占めていることになります。

また、自治体の職員は約41万人で、これは労働人口にある人たちの12、3％に当たります。この41万の地方公務員は全公務員の75％に相当します。つまり、国は地方分権に伴い、公務員数を減らしていきますが、自治体はサービスの提供をかなり公的に担っていますので、必然的に自治体職員数は大きく、主に社会福祉や教育分野などにおいて、女性の雇用を支えています。

そして、国は、国内の政治の枠組みを決めること、国防と治安、さらにグローバリゼーションにかかわる業務を行わなければなりません。フィンランドはＥＵ（ヨーロッパ連合）に属していますから、ＥＵやそのほかの外交にかかわることに多くの時間と労力を咲かなければなりません。このことに伴って、余談になりますが、行政官や政治家の中でのエリート化が進行しているようにも見えなくもありません。高学歴でないと、国際的な場で活躍しにくい状況があるからです。なぜかというと、ＥＵとかそういう国際的なところで働く人は、必然的に語学力や学歴が要求される傾向があるからです。

地方分権改革について

これまでに、日本異なるフィンランドの自治体のあり方について説明いたしましたが、次に、地方分権改革について述べることにいたします。

フィンランドでは、１９８４年に大きな改革が行われまして、社会福祉・保健事業分野において、国から地方へサービス供給の権限が移譲されました。この改革で今まで国が直接行っていた社会福祉と保健サービスを自治体がするようになりましたが、国から交付される補助金は使途目的が付いた補助金でしたので、使用目的については県の指導監督があり、自治体にはあまり裁量の幅がありませんでした。

改革の目的は、保健事業に比べて立ち遅れていた社会福祉分野のサービスのナショナルミニマムを整備することでした。そのために国から財政力格差を補うような補助金が潤沢に交付されましたので、国の計画にもとづいた整備が急速に進みました。この改革は国庫支出金制度の全体的な改革の第一歩と位置づけられていました。

しかし、80年代末から90年代初頭に入ると、サービス供給に自信をつけた自治体は国の指導監督を嫌うようになり、自治の強化を求めるようになります。また国のほうも、特に財務省が、国家財政の観点から支出の増加の抑制を意図するような改革の準備を始めました。こうして新しい補助金制度、すなわち包括補助金制度が１９９３年に導入されました。これが１９９３年の地方分権改革であり、これをもってサービス供給の権限と財源が国から地方に移譲されました。

包括補助金制度は、主に税収入格差を是正する一般補助金と、社会福祉・保健分野と教育文化分野の包括補助金にわかれ、内務省、社会保健省、教育文化省から、人口、死亡率、人口構成、生徒数、地理的条件などを考慮した上で、自治体に直接交付されることになりました。この包括補助金制度は１９９０年代の後半に見直しがかけられ、後期高齢者数の考慮、税収入格差の解消、教育機関への直接の支払いなどを取り入れた、より現状に沿った公正な制度になったといわれています。しかし不況の影響で包括補助金が大幅に削減され、自治体がサービス提供を削減せざるを得なくなり、自治体側の不満が集積したことも事実でありました。

自治体はこうして国から交付された補助金と地方

税収入を、自由に使用できることになりました。サービスの量と優先順序などについて議会で決定することができることになったわけです。ですから、たとえば、社会保健省から交付された補助金の一部使って、サッカー場を建設することも可能になったわけです。住民が議会の決定に反対であれば、住民運動を行うか、次の選挙の投票行動で示せばよいと考えられています。

ただし、社会福祉・保健サービスには特別法によって定められた主観的権利といわれる権利がありますので、そこに保障されているサービスは、財政状態にかかわらず供給しなければならないことになっています。たとえば、すべての6歳以下の子供に保育を提供しなければならないこと、重度障害者に提供するサービスなどが主観的権利といわれるサービスとなります。これらのサービス提供を怠る自治体に対して、国は包括補助金を凍結すると脅すことによって執行させた例が1、2回あると聞いております。

このような地方制度の大幅の変化に対応するために、1995年には新しい自治体法が施行されました。同時に、それまで三つにわかれていた自治体の中央組織が統一されてすべての自治体が加入する自治体協会が設立されました。自治体協会の重要な任務としては自治体に関する決定や法案作りに参加し、圧力団体として行動すること自治体に関する研究、および自治体にたいしてコンサルティング業務を行うことがあります。

地方分権後の国の指導監督

次に、地方分権後の国の指導監督についてお話しすることにします。県は、住民による異議申し立てと不服申し立てに基づき指導監督を行います。

異議申し立ては、自治体の判定に違法性があると疑われたときなどに、住民は県の行政裁判所に訴えることができます。不服申し立ては、たとえばサービスの内容が悪いと考えるときに不服を訴えることができます。その不服の訴えを助けるためのオンブズマン制度がありますので、住民はその助けを借りて自治体に申し立てを行い、その回答に満足しなければ県または他の機関に訴えることができます。

県に訴えますと、県が訴えられた内容の実態を調査して、勧告命令をだします。勧告ですから強制力はないのですけど、勧告は公開されます。公開されるからマスコミ全部が取り上げますので、大きな圧力となります。つまり、勧告は強制力はないけれども、公開することによって事実上の強制力を持ちます。

さらに、国は、いろいろな自治体のサービスの量やレベルについての統計を取り、発表していますので、これも公開されますから圧力になります。低いレベルとされた自治体はレベルアップに励むことになるからです。そうすることによって全体のレベルが上がることになるわけです。これを情報による指導監督としています。

もう一つの方法は、法律による指導で、国会で法律を作り、自治体に事務を課すことわけです。このような特別法は地方分権改革後に増加しているといわれています。自治体の考え方としては、基本的には、法律を作ってサービスを義務づけられるときには、自治体にはそのサービスを選ぶ権利がないのだから、それに見合う補助金をつけて欲しいということになります。

自治体組合制度について

ここで、本題の自治体間協力についてお話をすることにいたします。これまでに、自治体が公共サービスの大部分を担っていることを述べました。サービスの供給方法には自治体は自由に決定することができます。つまり、単独で供給してもよいし、民間または他の自治体に委託してもよく、自治体組合を結成して行ってもよいのです。問題は自治体の財政力であります。フィンランドには、人口４００人以下の自治体が２００もあります。自治体の数は現在

４４４ですから、その半分近くが４００人以下ということになります。人口が少ないということは、財政基盤が非常に弱いということを意味し、これは、すべての市民に平等に提供されると憲法で保障されているサービスに、地域間格差がでてくることを意味します。財政力を強化するには町村合併が最も強力な手段でありましょう。

国は明らかに町村合併を望んでいます。しかしながら、合併は大体10年間で自治体の数が10減ったぐらいですから、あまり進んでいるとはいえません。そこで法律を改正し、合併には財政的援助をするということで、合併を強力に推進しようとしています。合併が進まないのは幾つかの理由が考えられます。第一に、地方分権が行われたものだから国は強制することができません。

二番目には、ＥＵに加盟するなど、グローバライゼーションが進んでくると、人間は帰属しているというアイデンティティーを求めるようになったと考えられます。自分の帰属意識を持って生きていくことが、この国際化の中では住民にとっては大事なことになってくるわけです。ですから住民は合併に乗り気ではありません。

三番目には60年代に半強制的な合併の動きがあり、あまりよい経験と受け止められていないということもあげることができるでしょう。そういう状況ありますので、よほどのメリットがなければ、住民は合併を望まないように見えます。しかし、ここ１―２年の間に地方自治制度上の大きな改革が行われることが見込まれており、それについての議論が始まっていますが、コンセンサスを形成するのは大変困難な事業となるとフィンランドの行政担当者は述べていました。

それでは、合併にかわる手段はないのでしょうか。合併をせず、アイデンティティーを保持しつつ、効率的にサービスを提供する方法はないのでしょうか。そこで登場するのが、先ほど述べました、自治体組合であります。自治体組合は自治体法第10条に定められている自治体間協力の形態であります。

フィンランドの自治体組合は、あくまでも複数の自治体に帰属する組合であり、日本の広域連合と違って、地方公共団体ではありませんし、当然自治権はありません。恒久的に、または規模の大きい自治事務を取り扱うことを目的とし、共有で持つことによって経費を節減し、無駄を省くという目的を持っています。このように、自治体組合は、ある一定の共通事業の運営のために設置されるので、いわゆる運営分野は存在せず、課税権はありません。従って支出は税以外の収入でまかなうことになります。また、会社組織と違い、自治体組合には行政的事務を与えることができますし、契約において行政的事務について協議することもできます。自治体組合の職員は自治体セクターの職員とみなされ、政党間バランス、地域間バランス、専門能力を重視して選びます。

自治体組合には2種類あり、一つは、法律ですべての自治体が所属することが定められている法定組合、もう一つは、自治体が自由に結成できる組合であります。

法定の組合には三つの種類があります。一つは地域開発にかかわるものです。この組合は、歴史的条件、文化的条件を共有する地域を基盤として19組合あり、地域連合と呼ばれています。EUの地方政策、農業政策の補助金は、地域連合を通じて交付されますので、この地域開発組合は、特に地方にとって重要なものです。

もう一つは、大学病院または地域総合病院を中心とする特別医療、つまり二次医療の組合です。フィンランドでは60年代から全国にネットワークの整備が進み、すべての公立病院は１９６５年から自治体の運営管理になりました。大学病院も同様です。本土には19の特別医療組合があります。小規模の自治体にとっては、総合病院を運営することは不可能に近いことです。そこで組合を作って全国を19に分け、自治体はそのいずれかに所属しなければなりません。職員数、予算の双方において最大規模の組合であることは間違いありません。

三つ目には知的障害者のケアを行う組合があります。知的障害者のケアは、もともと施設中心のケアだったのですが、それも一つの自治体が運営するのは大変だからということで全国を14に分けて、自治体はそのいずれかに所属し、ケアを行ってきました。今日では在宅ケアが中心になってきましたので、個々の自治体はそのケア組合を必ずしも利用せずに在宅ケアを行ってもよいのですが、自治体組合に所属し施設を維持しています。

このように、以上の三つの組合は、法律によってすべての自治体の参加が義務づけられています。これらの法定組合の境界線は、地理的にはおおむね重なっています。

それでは、法律で制定されない自治体組合についてお話しします。これは自治体が自由に結成し、解消してもよいものです。業務は、福祉、一次医療、ゴミ処理、交通ネットワーク、その他のインフラ整備、消防など、必要に応じてつくるということです。自由に結成できるので、ゴミ処理では東隣のA自治体と組合をつくり、高齢者ケアでは西隣のB自治体と組合を作り、下水ではAとBと一緒に組合をつくるということも可能です。

全体の数としては、1995年には256の自治体組合が登録されており、2005年は231であります。その内訳は、86が保健事業、30が社会福祉事業、69が教育、36が公共サービスで9が企業でした。事業収入は79億3200万ユーロでした。支出は75億9200万ユーロで、その内訳は、一次医療13・6%、二次医療55・6%、社会福祉5・6%、教育17・6%、公共サービス4・2%、カイヌー特区3・1%、企業0・4%となっています。

自治体協会によると、一つの自治体組合は平均13万人の住民を対象としており、11の自治体が参加しているということです。法定の組合は自治体組合の5分の1を占めています。組合の中では、職業教育分野の自治体組合の数が増加しつつあり、一次医療、老人ホーム、アルコール依存者ケア、養育相談などの自治体組合数は減少の傾向が見られています。

自治体組合の長所としては、一つの自治体でははできない事業を行うのに適していることはこれまでの話でお分かりいただけたと思います。そのほか、自治体組合を通じて自治体間協力を行うことによって、自分の自治体の利益だけではなく、地域全体のニーズを把握する機会が得られることがあげられていま す。短所としては、自治体組合は国全体の進歩という視点で考えることができず、地方限定の考え方にとらわれやすいといわれています。

このように、自治体組合は多様な展開を見せている行政単位で、自治体はこれをフルに活用していま す。自治体組合は、市町村合併に代わる財政力基盤の補強の役割をフィンランドでは十分に果たしていると評価されています。また、自治体組合をつくり協力していくことで、合併への機運が生まれる可能性もあり、合併を容易にすることもできなくはないでしょう。たとえば、ヘルシンキを含む首都圏の3自治体は、自治体組合を設立して、交通、ゴミ処理、インフラ整備などの事業を、一緒に行っています。ですから、首都圏の3自治体は合併して、100万人の人口の都市を作るべきだという声もでていますが、この合併はまだ実現されていませんが、自治体組合を通じての共通の理解と協力関係ができていれば、不自然なことではないといえましょう。

以上で、私の話を終わらせていただきます。ご静聴ありがとうございました。（拍手）

連合自治の発展のために

神原　勝（地方自治土曜講座実行委員）

いよいよ最後になりましたが、あと1時間ほどお付き合いいいただきたいと思います。山田眞知子先生からご講演をいただきました。フィンランドは自治立国、福祉立国、技術立国の国で、地域を舞台にその三つが非常にうまく組み合わさって、地域が、そして国全体が活力を培っているということだったと思います。面積は日本ぐらいありますが、人口は520万ですから、北海道の人口はそれ以上に多いわけです。北海道は、フィンランドから学ぶことが非常にたくさんある、そう思いながらお話を伺いました。

昨日来、北海道における自治体間協力の先端的な現場のお話、それから自治体間協力の可能性についての議論を進めてきたわけでありますが、ここで議論が尽きるわけではありません。それで、今日これから残りの1時間は、今後どのように連合自治の議論を継続し、発展をさせていったらいいか、そのようなことのために費やしたいと思います。

それで3本立てでいきたいのですが、まず、初めに15分ぐらい、私の方から感想を述べさせていただきます。それから二番目は、昨日も申しましたが、いろんな自治体間協力の研究グループができておりますので、その幾つかの皆さんに、短い時間ですが、各８分程度でそれぞれの取り組みの状況をご紹介していただこう、と考えています。

三番目は、お手元に資料として「北海道連合自治推進研究ネットワーク結成趣意書」を配布してございますが、そうした様々なグループが連合自治の可能性をめぐって経験や情報の交流、あるいは理論や仕組み開発を行っていこうということで、研究ネットワークを結成しようという準備が、芽室町の西科課長さん、奈井江町の三本課長さんを中心に進んでいますので、西科さんから皆さんに呼びかけていただこうと思っています。

連合自治はなぜ未発達か

そこで一番目なのですが、感想を述べさせていただきます。

実は１週間ほど前ですが、この土曜講座でお世話になっている松下圭一・法政大学名誉教授が札幌に来られました。そのとき、サマーセミナーで自治体間協力の議論をするというお話をしたのですが、松下教授は、「仕組みはあるのだから自由にやればいいのではないか。新たな制度をつくる、制度を改革するということから入るから、変な方向に行ってしまう」と、おっしゃいました。三年ほど前だったと思いますが、西尾勝・国際基督教大学教授も同趣旨のことを札幌でお話されたことがありました。

確かに日本には、いまさらという感じはありますけれども、古くから一部事務局組合があり、そして10年前には広域連合の制度もできています。例えばドイツやフランス、それに先ほどお話があったフィンランドなどにあるような、連合自治の制度は、制度自体としてはそう見劣りのしないものが、ちゃんと日本にはあるわけです。にもかかわらず、自治体間協力とか連合自治ということで、あらためて今日議論をしなければならないのはなぜなのか、まさにそこが一番大きな問題なのだろうと私は思っています。

事務組合の仕組みは明治の市制町村制の時代からあるのです。これは明治の大合併のときに、何らかの理由で合併できない小町村が採る代替措置として始まったのです。それ以来、大胆にいえば、本来的には合併が正しいのだが、それができなければ仕方なく事務組合を使うという認識が定着し、市町村が協力し合うという考え方、つまり個別自治を補完する連合自治が、基礎自治において不可欠の要素であるという認識が、なぜ日本の地方自治において正当性を確立し得なかったのか、そこを問い直す必要があると思うのです。

私は、二つぐらい理由があると思います。一つは、やはり日本は長い間中央集権だったからでしょう。中央集権のもとでは、自治体の区域をまたがる問題、あるいは自治体間で調整を要する問題は、自治体間という横関係ではなく、権限を持つ上に向かって縦関係で解決するわけです。市町村間に問題があれば、これは道の問題、あるいは都道府県間に問題があれば、これは国の権限ということですが、これがまさに中央集権なわけです。そういう意味で、中央集権は、自治体間協力を深める方向とは逆を向くということです。

先ほどフィンランドのお話にもあったように、そしてまたフランスなどもそうですけれども、結局、分権が進めば横の水平関係が広がることになります。市町村が権限を持つわけですから、また、その権限行使には地域によってまちまちの事情があるわけですから、これは当然、自治体間協力で解決していくことが必然的な流れになるわけです。日本は、まだ分権型社会の入り口に立ったばかりで、そういう経験をまだ持っていないということが一つの大きな問題だと思います。

それから二つ目は、今までは右肩上がりといわれる時代の中で、相当お金が潤沢に使えたということです。だから、本来であれば共同して行ったほうがより効率的だと思われる問題も、自己完結的に自分の自治体のなかで解決してきた、あるいは解決できたという環境条件があったと思います。しかし、今や未曾有の財政危機でありまして、これがこれから先もずっと続いていくということになると、あらためて効率性重視という観点から自治体間の協力の問題を真剣に考えざるを得ないという状況になってきています。

次は三つ目の問題です。自治体が広域協力をしようとすると、住民の監視の目が行き届かなくなって民主主義が損なわれるという、広域行政批判が根強かった。これは「広域行政」という言葉に象徴されるように、広域化した「行政」が一人歩きすることへの批判ですが、逆にいえば、「広域自治」という言葉がないように、自治体間協力を「自治」と捉えない、ペシミスティックな自治観によるところが大きかったのではないかと思います。

そういうことで、結局、連合自治は日本の地方自治のなかでは定着しなかったのだろうとおもいます。けれども今日では事情が一変しました。分権時代ですから、これが進めば自治体間協力は必然化しますし、財政危機はそれを加速させるでしょう。そして、連合自治が実践されるようになれば、そのなかで民主主義の問題も様々な工夫を凝らして実践していけばいいと思うのです。これらはこれからの大きな課題です。

連合自治に対する批判

連合自治に対しては、総務省は否定的な態度ですし、それにつながる一部の財政学者も盛んに北海道にやってきてネガティブな見解を表明しています。第一に、連合自治、例えば広域連合は構成自治体間の意思決定に時間がかかる、第二に労力とコストがかかる、と力説しています。そして第三に、彼らは必ず西尾私案を引き合いに出して、いま合併しなければ、将来、小規模自治体は大幅に権限を奪われることになると、念を押します。

意思決定に時間がかかるといいますが、この問題が運営の障害になるほど事例が蓄積されているのでしょうか。まだ始まったばかりです。広域連合に限らず、基本的にはしっかり時間をかけて合意を導けばよいではありませんか。何をそんなに急ぐのでしょうか。それから未経験ですから連合自治が軌道に乗るまで労力を要することはその通りでしょう。あたりまえのことです。コストが増えるとはどんな意味かよくわかりません。

これらの合意、時間、コストについて、本格的に動いている、空知中部、大雪地区の広域連合についてお話を聞いてみましたが、そのような弊害は生じていないということでした。コストについても、介護保険や国民健康保険の事業を進めている空知中部広域連合についてしか私は調べていませんが、人件費や事務経費などで効果が現れています。単独の運営よりもコストを抑制し、また道からの権限移譲も受けてサービス内容を向上させています。事例が増えてくればもっと詳細な分析ができるようになるでしょう。

三つ目の問題は、将来の問題ですからわかりませんが、法律で強制するのではなく自治体の自由意思で選択できるのなら、それも一つの方法でしょう。現在だって、基礎自治体は五段階にランク付けされているのですから、これが六段階になるということでしょう。連合自治の最大のメリットは、これを実践することによって、基礎自治を多様化、柔軟化することができるということです。合併の対抗軸として提起しているのではありません。

単独自治、連合自治、合併自治を縦横に駆使して、基礎自治を多様化すれば、将来に向けて柔軟かつ必然性のある多様な道の選択が可能になります。まちづくりも活性化するでしょう。単純な人口基準による合併の強要は、それこそコミュニティを破壊しますし、そのことによって生じる社会的コストは、それに対処しなければならない行政の政策的コストの増大となって跳ね返ってきます。

合併は第2ステージに入っていますが、私は次のように考えます。これからの自治体は2つの流れが出てくる。一つは合併自治体で、これは旧市町村の歴史や個性を尊重しなければなりませんし、その一方で新自治体としての一体性を醸成しなければならない。遠心力と求心力のバランスを取ることに力点を置かざるを得ない。いわば「内向き」の自治体運営を強いられます。一方、単独ないし自立自治体は、連合自治を進化させること、すなわち「外向き」のエネルギーを費やすことになるでしょう。どちらが地方自治にとってプラスの効果をもたらすか、しばらくはその様子を見る必要があると考えています。

連合自治の可能性を読む

連合自治は、まだ未熟な領域ですから、昨日来の議論のように検討すべき課題はたくさんあります。協力にふさわしい仕事はどんなことか、あるいは単に事務処理の効率性だけではなくて、もっとサービスとか施設の共同利用とか、住民の便益に直接かかわる領域まで拡大していくべきではないか。あるいは、道から広域連合への権限移譲を視野に入れれば、もっと多様に連合自治を進めることができるのではないか、などなどです。

それから連合自治の形態にしても、先ほどの山田先生の講演のなかにヒントがありましたように、例えば、フィンランドの場合には、全市町村がどこかの地域で加わる連合組織と任意に形成される連合組織の2種類がありました。二次医療とか、地域の経済開発といったような政策課題は、前者の連合組織の課題になっているわけです。

それを北海道で考えるときに、昨日も議論になっていたような国民健康保険とか介護保険などは、どの自治体もやらなければならないわけですから、そのような全員参加の枠組みで考える問題ではないかと思いました。そうした全市町村に共通する課題のほか、施設の共同建設・共同利用とか、サービスの提供とか、機関の共同設置などは、近隣自治体の任意の協力方式にするなど、連合の形式もいろいろあると思います。こうしたフィンランドのほか、ドイツ、フランスの仕組みなどについても、近く発足する「北海道連合自治推進研究ネットワーク」で、専門家を招いてしっかり勉強したいと考えています。

これらの連合自治は近隣自治体による「地縁連合」ですが、飛び地による「機能連合」も推し進めていくべきではないでしょうか。例えば、「福祉自治体連合」。先駆的な実践情報やノウハウの交流・開発を行う自治体の連合。あるいは「森林自治体連合」。二酸化炭素削減のための市場取引ルールが確立すれば、手をかけた市町村有林は有力な収入源になります。町村の究極の財源確保、その運動を連合して行う。あるいは「雪氷エネルギー開発自治体連合」。農作物の鮮度を維持した貯蔵などに自然エネルギーの雪氷を活用する自治体が増えています。みな、借り物ではない必然性のある北海道の政策資源の活用です。

こうした政策課題に積極的にチャレンジしないと、北海道はやっていけないのではないか。将来の合併を考えている自治体でも、ドン詰まりの状態に陥ってからでは誰も相手にしてくれません。普段からきちんと自治体間協力の実績を積み重ねていかなければ、誰の目からも「よかった」と思える必然性のある合併には到達できないと思うのです。苦しくても決して自治を放棄せず、高い自己規律のもとで、外に向けても政策的な可能性を開く、そうした「頑張る姿」が見える自治体にならなければ合併もできないのではないか。

どのような可能性が地域にあるか、皆さんもぜひ考えていただきたい。いま申し上げたことはすでに一部で取り組みが始まっています。北海道の地域に可能性を見出す様々な動きの萌芽が無数にあります。これを一地域の小さな試みに終わらせないで、エンカレッジして、確かな、大きな流れにしていくのが連合自治の思想だと考えます。

さて最後に、最初の話に戻りますが、連合自治の制度はすでに存在するのです。したがって、いま今問われているのは、新しい連合自治の制度をつくること、あるいは法律改正してその制度を改革することにエネルギーを注ぐのではなく、現行制度を活用することに力を入れるべきだと思います。そして、たくさんの実践を試みること、これがいまもっとも必要なことではないかと思っています。これで私の感想を終わります。ありがとうございました。

（拍手）

各地で動き始めた連合自治

神原　それでは次に、各地で連合自治の可能性を追求されておられる方々と、そうした試みの状況を皆さんからご報告していただこうと思います。お手元に、北海道連合自治推進研究ネットワークの「結成趣意書」という紙があり、準備会を立ち上げた方々の名前が載っています。今日はこれから、このうちの何人かの方々に、状況を報告していただこうと思っています。短い時間で詳しい話はとても無理なのですが、始動する連合自治の雰囲気を感じ取っていただければ幸いです。

最初は、ニセコ町職員の加藤紀孝さんです。「ニセコ町広域行政体制検討プロジェクト」に所属されています。

次は、今朝の新聞にも出ておりましたけれども、南幌町職員の嶋田浩彦さん。由仁町、栗山町といった近隣自治体の職員の皆さんと「南空知職員自治研究会」を組織して勉強を続けています。

三番手は、芽室町職員の西科純さんです。「十勝地方政府研究会」をつくられて、芽室町をはじめ十勝のたくさんの自治体の職員の方と非常に活発に、幅広く連合自治の問題を検討されています。

最後は、富良野市職員の西野成紀さんです。富良野市と近隣町村で公的に「富良野圏域「自治のかたち」検討プロジェクトチーム」を組織していますが、西野さんはその中心メンバーです。

時間が短くて本当に恐縮ですが、順次登壇されてお話ください。

●加藤紀孝（ニセコ町・広域行政体制検討プロジェクトチーム）

ご指名を受けましたニセコ町の職員をしております総務課の加藤と申します。数分の短い時間でお伝えしないといけないのでなかなか難しいのですが、現状だけ簡単にご報告します。

ニセコ町はこの後のお三方とはちょっと違いまして、まだ職員の中のプロジェクトということで始まっております。ですから他の方々のようにいろいろな町村で共同してもっと研究を広げていくというところまでは実は至っていなくて、まだ職員６人です。今、私が取りまとめの中心になり活動しておりますけれども、継続して議論を重ねております。６人という少ないメンバーで、総務課長なども巻き込んでやっております。実はこのメンバーに、ニセコに派遣された道職員も公募で入っております。広域自治は必要だというので、そんな議論を真剣にしております。

ニセコ町は、今年の４月から検討を始め、わずか２カ月で一次案といいますか、中間的な提案をいったん作っております。たいへん簡単な冊子です。試みに作ってみて、私どものプロジェクトからニセコ町長に提案したという形になっています。昨日、東川町長が「合併疲れはしていないよ」といったお話がありましたが、実は後志地域は完ぺきな合併疲れをしております。議論している中でも、単に合併反対で単独で行くのはもちろんOKですが、ではその後どうしようという単独で行くための方策、それから合併したい町村ももちろんあるわけで、その後の次につなげていく議論をどう広げていくかというところは、最も大きな課題でありました。

もう合併の「が」の字も聞きたくない、しばらく放っておいてくれと言う雰囲気もある後志地域ですけれども、そう言っていても先へ進まないだろうということで、まずニセコの中できちっと検討してみようということになりました。ニセコも合併をしないという選択にしましたけれども、この後、生き残るためには、この合併特例法の5年間の期限の後も考えていかないとならないですし、長い目で広域自治ということに焦点を当てて、がっちり検討してみようということで提案を作ってみました。

私たちが作った案というのは、広域自治体を創設するというものであり、いわば現在の広域連合の仕組みの発展形というものを想定しております。その中で二つほど重視した点があります。

一つは、住民自治の視点です。現在、団体自治の議論ばかりされ、効率化し規模が大きくなれば北海道の権限も受けられてOKと、そんな方向だけでは絶対いけないということで、住民自治の原点をきちっと検討しようということです。その中では、やはり広域連合の組織で広域自治体というのを地域の自治体で共同し立ち上げた場合でも、住民が直接選挙をして連合長を選ぶ。それから議会議員も選ぶという視点がまず必要なのではないかということを議論し、そういう仕組みを提言しております。

先ほどの山田先生の話にもありましたが、我々の議論でも、合併をしないという中の最も大きな要素が、地域への帰属意識とか、地域の誇りとか特性といったものです。単に言葉で言っているだけでは残っていかないかもしれないので、どうやって残すか工夫しながら、広域で考えられるところは広域でやる。このような発想をして、まず住民自治の視点をしっかり入れた中で広域自治というのも考えてみよう、そういうことを考えました。

それからもう一つは、財源の問題です。今の広域連合の仕組みでは独自財源を持つことができないということが、大きな障壁になっています。われわれが今回、この提案の中で試算してみましたのは、地方交付税のある種交付団体といいますか、日本は多くの自治体が地方交付税に頼っているわけですが、この地方交付税を現在の市町村から広域連合の広域自治体のほうに移譲し、財源も渡すような形です。今、国から配分を受け市町村が収入していますけれども、それを市町村を経由するのではなく、直に受けるという仕組みです。

これは最も総務省が嫌うところかなと思っておりますが、財源の問題をどう整理するかというところも、きちっと考えてみようということです。これも、あくまで取っ掛かりとして考えてみております。そうした中では、課税権の問題などは、最終的には広域自治体としても権限を持たなければいけないという議論はしていますが、まだそこまできちっと議論ができておりません。

また、現在の悩みが何点かあります。まず一つは住民にとって広域自治体をつくって市町村を残すという構想そのものなのです。市町村を残すのは単に今のまま残すというのではなく、市町村の規模を基本的には縮小していく。ですから消防とか教育委員会の機能など、現在市町村に一応権限があるものを完全に広域自治体に移し、広域でやったほうがいい仕事をいろいろ並べ、総括してその広域自治体がやる。そこと市町村をいわば対等協力の関係に置くという構想の内容なのですが、はたしてそれが住民にとって本当に使い勝手がいいものかどうか、北海道があるのにもう一つ、さらに二重三重の行政を引くのではないかという疑問が残り、議論しております。一番重要な視点は、何が住民にとって幸せな行政体制になるのかというところで、そこをもう少し突き詰めなければいけないと思っております。

二つ目は、われわれは広域連合と市町村が対等協力の関係までいったらいいと考えているのですが、はたしてそこまできちっとした関係が築けるかというのも、非常に難しいと思っております。

悩みの最後三つ目は、広域連合、広域自治体の事務というのは、今のわれわれの案では、広域でやったほうがいいというしいろいろな事務を並べ、それを総括して一つの広域自治体という、いろんな市町村をカバーする自治体をつくるという案なのですが、はたしてそういうやり方がいいかどうかです。特定目的に絞って、必要なところだけ連合を組んでいくという仕組みが、今実際、一部事務組合を含めて取られている制度もありますので、もしかしたらそうした延長でもう少し考えてみたらいいのではないかということで、だいぶ悩んでおります。

以上3点ほど悩みを、非常に簡単でしたが申し上げました。今、私たち後志地域は、次の手を探すのに非常に行き詰まった状態です。昨日、帯広市長さんから「十勝市」という話がありましたが、議論しているとどうしても「後志市」という発想がなぜか出てきてしまうのです。後志では、それだけでは基本的にはいけないと私は思っております。もう少し長い目で広域連合の可能性について、本当に今日の題ですけれども、今度は役場の中から外に、近隣の町村にも声をかけて研究の輪を広げていきたいと思っています。簡単ですが、以上で終わります。

（拍手）

●嶋田浩彦　（南空知職員自治研究会）

南幌の嶋田です。時間が5分ほどというので、私どもの研究会の概要だけご説明します。昨日の北海道新聞にも掲載させましたが、私どもの研究会は、平成15年8月1日から任意協議会を立ち上げて、南幌、栗山、由仁3町で合併議論をやってきました。

その中で職員が、実際に自分たちの持っている事務事業、全体で1200本近くを、3町のほとんど全員の職員が、自分たちがこれまで自分のところの住民に行ってきたサービス、事務事業を残り2町の住民に広げたときに、どういうサービス内容が展開できるのかという議論をずっとやってきました。

最終的には、平成16年10月南幌町の住民投票と、最後南幌町の11月の臨時議会で否決されて合併には至らなかった。だけれどもその過程の中で生まれてきたのが、実は合併をずっと議論してきて、住民にサービス提供してきた事業内容の議論をやっていく中で気付いたのは、どうもこの合併というのは、産業革命後に起きた大都市集中型の中央集権型の合併とはやはり違う。何が違うのだろうと考えて気付いたところが、それぞれの町の持っている特性を水平型にネットワークしていくと、分社化できる。そうすると、そこを生かした合併の形というのができるのではないか。そこへ行き着いたときに、最終的には合併にならなかったのだけれども、職員間の中で、この議論をもっと大切にして、住民の視点に立ったサービス提供というのはどういう形があり得るのかということをやってみようということで研究会が立ち上がったのです。根本には、自治体職員の自己変革、意識改革で、自治体職員として生き残れるか？という意識からですが。

現在、３町と近隣の月形や岩見沢、当日は夕張市と北広島市からも職員が来まして、今研究会そのものは１５０名を超えました。そんな中で自治体職員が自分たちの持っている事務事業の日頃の改善運動を通して、どうやって住民サービスを効率よくできるのかというところに入っていったときに、先ほど山田先生が言われていた三つが同じように職員間の中で出てきています。

それは、他の自治体と職員や委員会を共有するということ。もう一つは、協会、財団、株式会社を設立するという話。そして、他の自治体サービスまたは民間サービスを購入するということ。この話が、もう既に職員研究の中で話が出てきています。ということは、ひょっとして自治の合併というよりも、自治の姿、連合のあり方というのが、既に職員間の中で議論されてきているので、そこを何とか自分たちの日常業務の改善運動、改革につなげていくと、結果として制度のところの改善、改革につながる。そういうふうに今、研究会として動いているという状態です。

3町の幹事は18名います。道の職員もいる中で大変失礼なのですが、最終的には道民に直接政策をやってサービス提供しているのが基礎自治体であるならば、そこが水平ネットワークを組んだときには、現在の支庁と道庁は廃止されるだろうという議論も出てきています。

そのことが、この連合という明日の姿を見たときにひょっとしたら射程距離に入るかもしれない。そういうことを個人的に考えながら、今150人を超えたその中で研究会を進めているという状態です。以上でございます。

（拍手）

●西科　純（十勝地方政府研究会）

皆さん、こんにちは。十勝の芽室町の西科と申します。昨日からの土曜講座のサマーセミナーに出てよかったなと思いました。強いリーダーシップ、理念をお持ちの首長たちの話を聞いて、道内にはこんなにも素晴らしい首長さんがいるんだなと、本当に感激しました。

それに比べてという話はしたくないのですが、「十勝は一つ」の話も出ていますように、十勝の場合は、どうしても「十勝は一つ」というスローガン的なことで終わらせてしまうところが多い気がします。理念どまりで、あとの形になっていかないというところがあります。十勝のあり方研究会で、首長たちがいま一生懸命議論はしているのですが、そちらとは少し違った、突っ込んだ理念と実践プランを出すべきであるという信念で管内に呼びかけました。

そして、7月1日に発足いたしましたのが、十勝地方政府研究会です。全くのプライベートな組織であり、自由参加です。現在のところ35人の会員で、会費が1000円で運営しています。市町村の職員が21人、市民の方が5名、議員さんが6名、十勝管外の議員さんの方ですとか、それから電算会社などで構成しています。

月の研究会のペースは2回です。2週に1回の割合で、現在まで4回開催しています。第1回目の7月1日は、広域連携の制度や広域連合の制度を勉強し合いました。2回目はワークショップを行いました。それでは、なぜ広域連携が必要なのでしょうかと、3グループに分かれて議論しました。この中で出てきたのが、やはり「住民自治の視点」を忘れてはいけないと。住民という視点を忘れず、それを念頭に置きながら、広域連携を検討するべきであるということが明確に打ち出されました。

そして3回目に、小西砂千夫関西学院大学教授をお招きし、意見交換をしています。4回目は、昨日ですが、午前8時半から中札内村において、ニセコ町の加藤総務課参事に来お越しいただき、ニセコ町の広域行政体制検討プロジェクトの話やその具体的な内容についてお話いただきました。

自立をしていくために広域連携するのか、それとも合併を念頭に置いて、十勝1市のために広域連携を議論するのかということが、多分首長たちの頭の中にも描かれていると思うのですが、それはどちらでもいいとして、時間軸をどう考えているのかなと首をかしげてしまいます。「当分の間、自立する」ということをおっしゃる首長が多いのですが、その「当分の間」とはどういうことを言っているのかということです。

一つは、自分の首長たる任期中にはもうそういった議論をしないで自立をすると言っているのか、二つ目は、財政の数値などを見て、この時点でいったらまた議論しなければならないと思っているのか、三つ目に、合併新法は平成22年で切れる時限立法ですから、その時点を見て、あと5年はしないと言っているのか、この辺が極めてあいまいです。住民に対してもそのまま理念的に、スローガン的に言っているだけではないかと思うのです。首長たちを責めてもしようがないので、職員の中で、そこでもう少しかみ砕いたものをつくってみようということがこの研究会の結成の発端であります。

そして、危機感もあります。それは何の危機感かということですが、道の市町村合併の推進構想が来年の4月に示されるということであり、多分その枠組みを何パターンか決められて、前の2000年に示されたときのように、またバタバタし合併議論を始まることになるのではないか。住民も議会も職員もそうですが、なぜ合併が破談に終わったのかといった経緯も実は見ていますが、もう少し「狭域自治や域内自治」などを考え、将来的な北海道内の自治の仕組み、あり方を考えていかなければならないのではないかと職員としての危機感を感じました。

連合自治を考えていくときに、道庁、支庁のあり方自体がどういうふうに変わっていくのか、この「支庁機能」「事務事業」「行政サービス」などの議論がまずもって首長たちの議論の中から出ていない。出ているのはただ一つ交付税減額からくる「財政論」からの話です。

結局、政策や制度論までを考えない「縮み思考」に陥ってしまうのではないか。

ここに、私達は危機感を感じたのです。

それが研究会設立の経緯です。この議論を踏まえて、それをどうしていくのかということですが、来年の3月まで議論を進めていきまして、ある一定の報告書・提言書をつくりたいと考えています。その中では、複数の選択肢を提示したいと思っております。A案、B案、C案ぐらいで、それを今度、今議論されている十勝のあり方研究に、道庁、北海道町村会などに値現させていただき、シンポジウムなども行って、住民の皆さんに意見交換する場をつくりたいと考えています。

具体的には、これから会員の皆さんと議論をしていかなければならないのですが、とりあえず自分たちが持っている情報とか考え方をまず聞き合って、一番いい形を考えていくことを一つのテーマにしております。

北海道連合自治推進研究ネットワーク設立という提案もさせていただいたのですが、今回の土曜講座で行われた議論、大雪の広域連合ですとか、空知中部の広域連合ですとか、そうしたものの情報がどうも十勝のほうには流れていないというのが現実です。それは、やはり広域連携に対しての研究もなされておらず、そのあたり、職員が先に情報をつかんで首長の研究会のほうにつなげるとか、十勝で研究会を開催するとか、行動していかなければならないと考えています。神原先生にそういった事情を相談したところ話がバッチリとあったということです。一部、十勝とは関係ない話もいたしましたが、以上が当研究会の考え方であります。（拍手）

●西野成紀
（富良野圏域「自治のかたち」検討プロジェクトチーム）

富良野市の企画振興課の西野と申します。富良野圏域５市町村、これは富良野という名前の付く町村が多いのですが、上富良野町、中富良野町、南富良野町、占冠村、そして私のいる富良野市です。この５市町村におきまして、今年度より「自治のかたち」検討プロジェクトチームというのを発足いたしました。これはほかの研究会の皆さんみたいに自主的に市町村の枠を越えた共同研究組織というわけではなく、実は首長のほうから専任による広域行政担当職員としての辞令をもらって、この検討プロジェクトチームを発足しております。

このチームが発足する経過ですが、合併特例法の旧法の第一報が流れた平成14年に、うちの5市町村でも市町村合併研究会を立ち上げておりました。その中で、合併協議の場は必要であるという一定程度の結論を出したのですが、5人の首長の協議の中で、5市町村としての枠組みによる合併協議には至りませんでした。

その後、南のほうの南富良野町と占冠村さんの2町村による合併協議が行われたのですが、今年の1月にそれが破談になりました。その破談になった翌日、1月20日ですけれども、うちの市長がリーダーシップを発揮してもう一度5人の首長が集まろうじゃないかということで、「4月から合併新法が施行される、また道から権限移譲もある、財政もかなり厳しい」といった中で、今後この圏域をどうしていくのか、「基礎自治体のあり方」をどうしていくのか、「自治のかたち」をどうやっていくのかということを、これからは5人が手を取り合って考えていこうではないかというのが、1月20日の会議です。

その後、2回ほど集まりまして、これからはこの圏域の将来を考えるうえで、職員の片手間ではなかなかこの論議はできないだろう、やはり専任の職員をきっちり配置して行ってはどうなのかということで、各4町村から1名ずつ、そして富良野市から2名、合計6名のメンバーによりまして調査検討を行うこととなりました。

またその中で、このプロジェクトチームの基本的な目的は、「自治のかたち」に関するさまざまな選択肢を1年かけて示しなさいということが、首長会議で示されたことです。具体的にどういったことをやるのかということですが、1点目はこの圏域の将来構想を考えなさい。2点目は財政の見通しを考えなさい。3点目はそれぞれの公共サービスを比較検討する中で、広域で担うことが望ましい事務事業を洗い出しなさい。4点目が、今後支庁制度改革に伴い地域行政センターができると方針の中でうたわれていますけれども、それと市町村との役割分担をどうするのかを考えなさい。さらに、道からの事務事業権限。一つの市町村で受けることはできないけれども、五つがまとまったら受けられる事務権限にはどんなものがあるのか、そういったものを調査検討しなさい。さらに広域都市構想、これは高田富良野市長が提唱している部分ですが、広域都市についても具体的に検討してみなさいということで、7項目ほど宿題を与えられております。

実質的に5月から、皆さんそれぞれ毎日、8時45分に自分の町に出勤して出勤簿を押して、10時にうちの役所に集まってもらって、毎日10時から5時まで調査、検討、または議論等を行って、3月までに最終報告を出す予定です。

今このチームの中でも、それぞれ今後の将来、おおむね今目標を30年と出しているのですが、30年後のあるべき姿、将来構想をどうするのかという班、財政を担当する班、事務事業を調査検討する班、さらに権限移譲班という四つの班に分かれまして、それぞれ調査を行って、1カ月に一遍ぐらいどこかに山ごもりをして3日とか1週間ぐらいかけて集中的に論議をするというようなことを行っております。

おおむね10月下旬ぐらいには何とか骨格的な中間報告を出し、3月末までには「自治のかたち」の多様な選択肢を住民の中で示していきたい。そうした中で、住民、もしくは首長の中でどれを選択するのかを選んでもらいたい。そういう形で今は当蔓3カ月ほど立ちましたが、基本的に自治とはそもそも何ぞや、また「自治のかたち」と言われていて、組織的な話だけではなくて、「住民自治のかたち」、「団体自治のかたち」という分を含めて、今議論しているところです。以上で終わります。（拍手）

＊　＊　＊

神原　ご報告くださった皆さん、ありがとうございました。登壇願った方々のほかにも道内にはたくさんのグループが結成されています。任意のグループもあれば、公的なものもあれば、それから一つの自治体内のもの、多くの自治体に広がりを持っているもの、掲げるテーマ、時期、メンバー、まちまちですが、そこがまた非常に面白いと思います。

それでは、こうした動きを背景にしながら情報や経験を交流し、それから連合自治の理論や政策を開発していく。そういう研究ネットワークをつくろうということで、呼びかけの趣意書ができています。準備に当たられたのは、先ほどお話された芽室町の西科さん、それから昨日報告された奈井江町の三本さんなどです。

最後に西科さんから趣意書を読み上げていただいて、このサマーセミナーの締めくくりにしたいと思います。

西科　それでは読み上げさせていただきます。（趣意書の全文は巻末資料参照）

神原　皆さん、二日間にわたり熱心なご報告、討議、参加、本当にありがとうございました。北海道で、これだけ大勢の皆さんが一堂に会して連合自治を論じ合うのは初めてのことでした。これを契機に、そして今年が「連合自治元年」となって、連合自治の理論と実践が深まることを期待しています。これをもちまして地方自治土曜講座のサマーセミナーを終了させていただきます。（拍手）

〈資料〉
北海道連合自治推進研究ネットワーク結成趣意書

平成の大合併をめぐる議論は第2ステージに移行した。5年の時限法である新合併特例法に基づいて、道知事は来年4月に新たな市町村合併推進構想を策定する意向であり、そのための市町村合併推進審議会がすでに発足している。旧市町村合併特例法に基づく第1ステージの合併の問題点について、全道的に十分な分析がなされていない状態で、引き続き市町村合併にひた走る道の方針に対して、多くの市町村は、疲労、困惑、躊躇の表情を隠せないでいる。

くわえて北海道では、道州制や支庁改革の推進、道から市町村への大規模な権限移譲の問題が浮上している。けれども、これらの諸問題が市町村合併を含めて、いかなる「北海道の自治のかたち」に結実するのか、その確かで全体的なイメージは形成されていない。市町村・道・支庁の改革は、補完性の原理にたって、市町村自治の充実・強化を基本に、一体的に構想し推進する必要がある。これが、いわゆる「北海道版三位一体改革」が必要とされるゆえんである。

そうした北海道の自治の課題を展望するとき、私たちは自治体間協力の重要性をあらためて痛感せざるを得ない。分権時代における各自治体の自己責任はますます大きくなる。その一方、極度の財政難に起因する行政資源の縮小と少子高齢時代における政策ニーズの増大という、2つの問題間のギャップは今後とも拡大する。このような未曾有の、かつ長期化する厳しい事態に直面して、各自治体の運営は、自己完結的な対処方法によるだけでは到底なしえなくなっている。

北海道においては、市町村合併がこうした問題を本質的に解決する手立てにならないことが明らかになるにつれて、各市町村の「基礎自治」の強化に加え、多様な方法による自治体間協力を「連合自治」として育てていく、新たな自治の創造が重んじられるようになってきた。こうした流れが本格化すれば、権限移譲、支庁改革、道州制などの現下の課題にも具体的な展望と道筋が与えられ、また、先々の必然性のある市町村合併にも道を開くことになると思われる。

このような背景と認識のもとで、現在、全道各地に「連合自治」「広域都市」「広域行政」などの名称を冠した、さまざまな研究や実践の試みが広がってきた。これらの活動は、仕事を共同で処理することによる行政サービスの高度化や専門化、あるいは行政経費や人員の削減といった現実的な効果を求めるものから、権限移譲の受け入れ方法、また保健・医療・福祉の一体的・広域的なまちづくりや産業振興・雇用開発などの政策課題の検討まで、多様な内容を含んでいる。

以上のような新しい状況をふまえて、私たちは、連合自治の確かな流れを構築することによって地方自治を発展させる目的のもとに、「北海道連合自治推進研究ネットワーク」を結成することにした。この研究ネットワークは、自治体間協力のあり方を模索し、あるいは共同行動を始めた自治体の職員や研究者が集い、自治の現場に基礎を置いて、お互いに情報・経験・政策・意見・論点・技術・理論などを交流・共有・討議する、清新かつ自由な組織として運営したいと思う。

昨日から、「自治体間協力の可能性を問う」というテーマで開催されている北海道地方自治土曜講座のサマーセミナーは、私たちがこのような研究ネットワークの結成を提案するのにもっともふさわしい場である。この場をかりて本趣意書を発表し、研究参加への呼びかけ文としたい。研究ネットワークの名称の確定、研究内容、運営方法などについては、近く準備会を開催して参加者の自由な意見をふまえて決めたいと思う。

2005年8月28日

北海道連合自治推進研究ネットワーク（仮称）

準備会呼びかけ人（五十音順）

岡内隆博（ニセコ町、広域行政体制検討プロジェクト）
神原　勝（北海学園大学法学部）
金　秀行（蘭越町、蘭越町の自治の在り方を考える検討委員会）
佐藤克廣（北海学園大学法学部）
嶋田浩彦（南幌町、南空知職員自治研究会）
鈴木　彰（愛別町、道北地域地方自治研究会）
辻道雅宣（社団法人・北海道地方自治研究所）
西科　純（芽室町、十勝地方政府研究会）
西野成紀（富良野市、富良野圏域「自治のかたち」検討プロジェクトチーム）
布施　茂（稚内市、（仮称）北部宗谷地域研究会）
三本英司（奈井江町、空知中部連合自治研究会）
山田眞知子（浅井学園大学人間福祉学部）

当面の問合せ先（仮事務局）神原　勝
〒002-8072
札幌市北区あいの里2条1丁目10の3
自宅電話兼ファクス　011（774）5423

（注）その後、9月17日、北海学園大学4号館第2会議室で開かれた準備会で、「北海道連合自治推進研究ネットワーク」（略称・連自ネット）が正式に発足した。
代表世話人に西科純、三本英司が選出されたほか、研究会座長は佐藤克廣が、事務局は神原勝、辻道雅宣（北海道地方自治研究所主任研究員）が担うことになった。事務局は社団法人・北海道地方自治研究所（札幌市北区北6条西7丁目北海道自治労会館3F　電話011 - 747 - 4666）。
なお、都合によりメンバーのうち岡内隆博は加藤紀孝に交代した。

（このブックレットは、二〇〇五年八月二十七日と二十八日の二日間にわたって、奈井江町文化ホールにおいて、土曜講座実行委員会と奈井江町が共同開催したサマーセミナーの記録です。紙幅の関係から、森・土曜講座実行委員長と北・奈井江町長の挨拶を割愛し、また収録した記録についても大幅に圧縮せざるをえませんでした。関係者の皆さんにお詫び申し上げます。）

刊行のことば

「時代の転換期には学習熱が大いに高まる」といわれています。今から百年前、自由民権運動の時代、福島県の石陽館など全国各地にいわゆる学習結社がつくられ、国会開設運動へと向かう時代の大きな流れを形成しました。学習を通じて若者が既成のものの考え方やパラダイムを疑い、革新することで時代の転換が進んだのです。

そして今、全国各地の地域、自治体で、心の奥深いところから、何か勉強しなければならない、勉強する必要があるという意識が高まってきています。

北海道の百八十の町村、過疎が非常に進行していく町村の方々が、とかく絶望的になりがちな中で、自分たちの未来を見据えて、自分たちの町をどうつくり上げていくかを学ぼうと、この「地方自治土曜講座」を企画いたしました。

この講座は、当初の予想を大幅に超える三百数十名の自治体職員等が参加するという、学習への熱気の中で開かれています。この企画が自治体職員の心にこだまし、これだけの参加になった。これは、事件ではないか、時代の大きな改革の兆しが現実となりはじめた象徴的な出来事ではないかと思われます。

現在の日本国憲法は、自治体をローカル・ガバメントと規定しています。しかし、この五十年間、明治の時代と同じように行政システムや財政の流れは、中央に権力、権限を集中し、都道府県を通じて地方を支配、指導するという流れが続いておりました。まさに「憲法は変われど、行政の流れ変わらず」でした。しかし、今、時代は大きく転換しつつあります。そして時代転換を支える新しい理論、新しい「政府」概念、従来の中央、地方に替わる新しい政府間関係理論の構築が求められています。

この講座は知識を講師から習得する場ではありません。ものの見方、考え方を自分なりに受け止めてもらう。そして是非、自分自身で地域再生の自治体理論を獲得していただく、そのような機会になれば大変有り難いと思っています。

「地方自治土曜講座」実行委員長
北海道大学法学部教授　森　啓

（一九九五年六月三日「地方自治土曜講座」開講挨拶より）

地方自治土曜講座ブックレットNo. 109
連合自治の可能性を求めて―2005年サマーセミナーin奈井江町

２００６年3月３１日　初版発行　　定価（本体1，０００円+税）

著　者　松岡市郎／堀則文／三本英司／佐藤克廣／砂川敏文
北良治／加藤紀孝／嶋田浩彦／西野成紀／西科純
山田眞知子／神原勝
発行人　武内　英晴
発行所　公人の友社
〒112-0002　東京都文京区小石川５－２６－８
ＴＥＬ ０３－３８１１－５７０１
ＦＡＸ ０３－３８１１－５７９５
Ｅメール koujin@alpha.ocn.ne.jp
http://www.e-asu.com/koujin/

公人の友社のブックレット一覧
（06.3.31 現在）

「地方自治土曜講座」ブックレット

《平成7年度》

No.1
現代自治の条件と課題
神原勝　900円

No.2
自治体の政策研究
森啓　600円

No.3
現代政治と地方分権
山口二郎　[品切れ]

No.4
行政手続と市民参加
畠山武道　[品切れ]

No.5
成熟型社会の地方自治像
間島正秀　500円

No.6
自治体法務とは何か
木佐茂男　[品切れ]

No.7
自治と参加アメリカの事例から
佐藤克廣　[品切れ]

No.8
政策開発の現場から
小林　勝彦・大石和也・川村喜芳
[品切れ]

《平成8年度》

No.9
まちづくり・国づくり
五十嵐広三・西尾六七　500円

No.10
自治体デモクラシーと政策形成
山口二郎　500円

No.11
自治体理論とは何か
森啓　600円

No.12
池田サマーセミナーから
間島正秀・福士明・田口晃　500円

No.13
憲法と地方自治
中村睦男・佐藤克廣　500円

No.14
まちづくりの現場から
斎藤外一・宮嶋望　500円

No.15
環境問題と当事者
畠山武道・相内俊一　[品切れ]

No.16
情報化時代とまちづくり
千葉純・笹谷幸一　[品切れ]

No.17
市民自治の制度開発
神原勝　500円

《平成9年度》

No.18
行政の文化化
森啓　600円

No.19
政策法学と条例
阿倍泰隆　[品切れ]

No.20
政策法務と自治体
岡田行雄　[品切れ]

No.21
分権時代の自治体経営
北良治・佐藤克廣・大久保尚孝
600円

No.22
地方分権推進委員会勧告とこれからの地方自治
西尾勝　500円

No.23
産業廃棄物と法
畠山武道　[品切れ]

No.25
自治体の施策原価と事業別予算
小口進一　600円

No.26
地方分権と地方財政
横山純一　[品切れ]

《平成10年度》

No.27
比較してみる地方自治
田口晃・山口二郎　[品切れ]

No.28
議会改革とまちづくり
森啓　400円

No.29
自治の課題とこれから
逢坂誠二　[品切れ]

No.30
内発的発展による地域産業の振興
保母武彦　600円

No.31
地域の産業をどう育てるか
金井一頼　600円

No.32
金融改革と地方自治体
宮脇淳　600円

No.33
ローカルデモクラシーの統治能力
山口二郎　400円

No.34
政策立案過程への「戦略計画」手法の導入
佐藤克廣　500円

No.35
98サマーセミナーから「変革の時」の自治を考える
神原昭子・磯田憲一・大和田建太郎　600円

No.36
地方自治のシステム改革
辻山幸宣　400円

No.37
分権時代の政策法務
礒崎初仁　600円

No.38
地方分権と法解釈の自治
兼子仁　400円

No.39
市民的自治思想の基礎
今井弘道　500円

No.40
自治基本条例への展望
辻道雅宣　500円

No.41
少子高齢社会と自治体の福祉法務
加藤良重　400円

《平成11年度》

No.42
改革の主体は現場にあり
山田孝夫　900円

No.43
自治と分権の政治学
鳴海正泰　1,100円

No.44
公共政策と住民参加
宮本憲一　1,100円

No.45
農業を基軸としたまちづくり
小林康雄　800円

No.46
これからの北海道農業とまちづくり
篠田久雄　800円

No.47
自治の中に自治を求めて
佐藤　守　1,000円

No.48
介護保険は何を変えるのか
池田省三　1,100円

No.49
介護保険と広域連合
大西幸雄　1,000円

No.50
自治体職員の政策水準
森啓　1,100円

No.51
分権型社会と条例づくり
篠原　一　1,000円

No.52
自治体における政策評価の課題
佐藤克廣　1,000円

No.53
小さな町の議員と自治体
室崎正之　900円

No.54
地方自治を実現するために法が果たすべきこと
木佐茂男　[未刊]

No.55
改正地方自治法とアカウンタビリティ
鈴木庸夫　1,200円

No.56
財政運営と公会計制度
宮脇淳　1,100円

No.57
自治体職員の意識改革を如何にして進めるか
林嘉男　1,000円

《平成12年度》

No.59
環境自治体とISO
畠山武道　700円

No.60
転型期自治体の発想と手法
松下圭一　900円

No.61
分権の可能性スコットランドと北海道
山口二郎　600円

No.62
機能重視型政策の分析過程と財務情報
宮脇淳　800円

No.63
自治体の広域連携
佐藤克廣　900円

No.64
分権時代における地域経営
見野全　700円

No.65
町村合併は住民自治の区域の変更である。
森啓　800円

No.66
自治体学のすすめ
田村明　900円

No.67
市民・行政・議会のパートナーシップを目指して
松山哲男　700円

No.69
新地方自治法と自治体の自立
井川博　900円

No.70
分権型社会の地方財政
神野直彦　1,000円

No.71
自然と共生した町づくり
宮崎県・綾町
森山喜代香　700円

No.72
情報共有と自治体改革
ニセコ町からの報告
片山健也　1,000円

《平成13年度》

No.73
地域民主主義の活性化と自治体改革
山口二郎　600円

No74
分権は市民への権限委譲
上原公子　1,000円

No.75
今、なぜ合併か
瀬戸亀男　800円

No.76
市町村合併をめぐる状況分析
小西砂千夫　800円

No.78
ポスト公共事業社会と自治体政策
五十嵐敬喜　800円

No.80
自治体人事政策の改革
森啓　800円

《平成14年度》

No.82
地域通貨と地域自治
西部忠　900円

No.83
北海道経済の戦略と戦術
宮脇淳　800円

No.84
地域おこしを考える視点
矢作弘　700円

No.87
北海道行政基本条例論
神原勝　1,100円

No.90
「協働」の思想と体制
森啓　800円

No.91
協働のまちづくり
三鷹市の様々な取組みから
秋元政三　700円

《平成15年度》

No.92
シビル・ミニマム再考
ベンチマークとマニフェスト
松下圭一　900円

No.93
市町村合併の財政論
高木　健二　800円

No.95
市町村行政改革の方向性
～ガバナンスとＮＰＭのあいだ
佐藤克廣　800円

No.96
創造都市と日本社会の再生
佐々木雅幸　800円

No.97
地方政治の活性化と地域政策
山口二郎　800円

No.98
多治見市の政策策定と政策実行
西寺雅也　800円

No.99
自治体の政策形成力
森啓　700円

《平成16年度》

No100
自治体再構築の市民戦略
松下圭一　900円

No.101
維持可能な社会と自治
～『公害』から『地球環境』へ
宮本憲一　900円

No.102
道州制の論点と北海道
佐藤克廣　1,000円

No.103
自治基本条例の理論と方法
神原勝　1,100円

No.104
働き方で地域を変える
～フィンランド福祉国家の取り組み
山田眞知子　800円

《平成17年度》

No.108
三位一体改革と自治体財政
岡本全勝・山本邦彦・北良治・逢坂誠二・川村喜芳　1,000円

No.109
連合自治の可能性を求めて
サマーセミナーin奈井江
松岡市郎・堀則文・三本英司・佐藤克廣・砂川敏文・北　良治　他
1,000円

No.110
「市町村合併」の次は「道州制」
高橋彦芳・北良治・脇紀美夫・碓井直樹・森啓　1,000円

No.111
コミュニティビジネスと建設帰農
松本懿・佐藤　吉彦・橋場利夫・山北博明・飯野政一・神原勝
1,000円

「地方自治ジャーナル」ブックレット

No.2
政策課題研究の研修マニュアル
首都圏政策研究・研修研究会
1,359円

No.3
使い捨ての熱帯林
熱帯雨林保護法律家リーグ　971円

No.4
自治体職員世直し志士論
村瀬誠　971円

No.5
行政と企業は文化支援で何ができるか
日本文化行政研究会　1,166円

No.7
パブリックアート入門
竹田直樹　1,166円

No.8
市民的公共と自治
今井照　1,166円

No.9
ボランティアを始める前に
佐野章二　777円

No.10
自治体職員の能力
自治体職員能力研究会　971円

No.11
パブリックアートは幸せか
山岡義典　1,166円

No.12
市民がになう自治体公務
パートタイム公務員論研究会
1,359円

No.13
行政改革を考える
山梨学院大学行政研究センター
1,166円

No.14
上流文化圏からの挑戦
山梨学院大学行政研究センター
1,166円

No.15
市民自治と直接民主制
高寄昇三　951円

No.16
議会と議員立法
上田章・五十嵐敬喜　1,600円

No.17
分権段階の自治体と政策法務
松下圭一他　1,456円

No.18
地方分権と補助金改革
高寄昇三　1,200円

No.19
分権化時代の広域行政
山梨学院大学行政研究センター
1,200円

No.20
あなたのまちの学級編成と地方分権
田嶋義介　1,200円

No.21
自治体も倒産する
加藤良重　1,000円

No.22
ボランティア活動の進展と自治体の役割
山梨学院大学行政研究センター
1,200円

No.23
新版・2時間で学べる「介護保険」
加藤良重　800円

No.24
男女平等社会の実現と自治体の役割
山梨学院大学行政研究センター
1,200円

No.25
市民がつくる東京の環境・公害条例
市民案をつくる会　1,000円

No.26
東京都の「外形標準課税」はなぜ正当なのか
青木宗明・神田誠司　1,000円

No.27
少子高齢化社会における福祉のあり方
山梨学院大学行政研究センター
1,200円

No.28
財政再建団体
橋本行史　1,000円

No.29
交付税の解体と再編成
高寄昇三　1,000円

No30
町村議会の活性化
山梨学院大学行政研究センター
1,200円

No.31
地方分権と法定外税
外川伸一　800円

No.32
東京都銀行税判決と課税自主権
高寄昇三　1,000円

No.33
都市型社会と防衛論争
松下圭一　900円

No.34
中心市街地の活性化に向けて
山梨学院大学行政研究センター
1,200円

No.35
自治体企業会計導入の戦略
高寄昇三　1,100円

No.36
行政基本条例の理論と実際
神原勝・佐藤克廣・辻道雅宣
1,100円

No.37
市民文化と自治体文化戦略
松下圭一　800円

No.38
まちづくりの新たな潮流
山梨学院大学行政研究センター
1,200円

No.39
ディスカッション・三重の改革
中村征之・大森彌　1,200円

No40
政務調査費
宮沢昭夫　800円

TAJIMI CITY ブックレット

No.2
転型期の自治体計画づくり
松下圭一　1,000円

No.3
これからの行政活動と財政
西尾勝　1,000円

No.4
構造改革時代の手続的公正と
第2次分権改革
手続的公正の心理学から
鈴木庸夫　1,000円

No.5
自治基本条例はなぜ必要か
辻山幸宣　1,000円

No.6
自治のかたち法務のすがた
政策法務の構造と考え方
天野巡一　1,100円

No.7
自治体再構築における
行政組織と職員の将来像
今井照　1,100円

No.8
持続可能な地域社会のデザイン
植田和弘　1,000円

No.9
政策財務の考え方
加藤良重　1,000円

朝日カルチャーセンター地方自治講座ブックレット

No.1
自治体経営と政策評価
山本清　1,000円

No.2
ガバメント・ガバナンスと
行政評価システム
星野芳昭　1,000円

No.4
政策法務は地方自治の柱づくり
辻山幸宣　1,000円

No.5
政策法務がゆく！
北村喜宣　1,000円

政策・法務基礎シリーズ
—東京都市町村職員研修所編

No.1
これだけは知っておきたい
自治立法の基礎
600円

No.2
これだけは知っておきたい
政策法務の基礎
800円

地域ガバナンスシステム・シリーズ
（龍谷大学地域人材・公共政策開発システム
オープン・リサーチ・センター企画・編集）

No.1
地域人材を育てる
自治体研修改革
土山希美枝　900円

No.2
公共政策教育と認証評価シス
テム—日米の現状と課題—
坂本勝　編著　1,100円

No.3
暮らしに根ざした心地良い
まち
野呂昭彦・逢坂誠二・関原剛・
吉本哲郎・白石克孝・堀尾正靭
1,100円